제1교시

2024학년도 법학적성시험 대비 LEETBoost 모의고사(제1회)

언어이해

| 성 명 | | 수험 번호 | | | | | | |

《수험생 유의사항》

- 이 문제지는 30문항으로 구성되어 있습니다.
- **시험 시간은 09:00 ~ 10:10(70분)입니다.**
- 문제지에 성명과 수험번호를 정확하게 기재하십시오.
- 답안지는 반드시 컴퓨터용 사인펜을 사용하여 답을 표기하여야 합니다.
- 교시란은 해당 교시를 정확하게 표기해야 합니다.

《정답공개 및 이의제기 안내》

1. 정답·해설지 배부 및 최종정답 공개
   - 14일 2교시 종료 후 1·2교시 정답 및 해설지 배부
   - 최종정답: 5월 17일(수) 네이버 법률저널 공식 LEET 카페에 공지
2. 이의제기 안내
   - 본 시험 종료 후 네이버 법률저널 공식 LEET 카페(cafe.naver.com/lecleet)에서 '이의제기 신청 게시판'에 양식에 맞춰 제출해 주세요.
   - 이의제기 기간: 5월 15일(월) 오후 5시까지
3. 성적확인 안내
   - 각 영역별 성적통계는 5월 18일(목) 오후 5시 네이버 법률저널 공식 LEET 카페에 공지
   - 개인 성적은 5월 18일(목) 오후 5시 이후 법률저널 홈페이지〉모의고사 신청 배너 클릭〉성적확인 클릭
4. LEETBoost 모의고사 일정
   - 제2회 : 2023.5.28.   제3회 : 2023.6.11.   제4회 : 2023.6.25.
     제5회 : 2023.7.2.   제6회 : 2023.7.9.   제7회 : 2023.7.16.
5. 매회 격려장학금 지급 / 제3회부터 장학생 선발

법률저널

2024학년도 법학적성시험 대비 LEETBoost 모의고사

제1교시 언어이해

제1회

- 이 문제지는 30문항으로 구성되어 있습니다. 문항 수를 확인하십시오.
- 문제지의 해당란에 성명과 수험 번호를 정확히 쓰십시오.
- 답안지에 수험번호, 문제유형, 성명, 답을 표기할 때에는 '답안 작성 시 반드시 지켜야 하는 사항'에 따라 표기하십시오.
- 답안지의 '필적확인란'에 해당 문구를 정자로 기재하십시오.

[1~3] 다음 글을 읽고 물음에 답하시오.

형사 절차는 크게 수사, 공소제기, 공판, 판결 순으로 이루어지며, 혐의가 있어 수사받는 자를 피의자라 칭하고 이후 공소제기가 이루어지면 피고인으로 신분이 전환된다. 한편 형사 절차에 있어서 당사자주의가 절차적 정당성을 강조하는 것이라면 직권주의는 실체적 진실 발견을 강조하는 것이다. 그리고 형사 절차에서 피의자 또는 피고인이 충분한 방어권을 행사하기 위해서는 수사기록을 적법하게 확인·획득할 수 있는 제도, 이른바 증거개시제도(Discovery)가 마련되어야 한다.

미국의 형사 절차 상 증거개시에 대한 권리는 헌법상 권리로는 인정되지 않고 입법자의 정책적 판단에 맡겨져 있다. 그러나 연방대법원은 여기에 대해 예외를 인정하고 있다. 대표적으로 연방대법원은 ⊙Brady 사건(1963년)에서, 검사가 피고인에게 유리한 증거를 피고인에게 공개함으로써 형사재판의 공정을 보증할 의무가 있다고 판시하며 검사가 피고인에게 유리한 증거를 은닉하는 것은 미국연방헌법 제14조의 적정절차 조항, 즉 법의 적정절차 없이 개인의 생명, 자유 또는 재산을 빼앗아서는 안 된다는 규정을 위반하는 것이라고 했다. 무엇이 '유리한 증거'인지에 관하여 이후 연방대법원은 ⓒBagley 사건(1985년)에서, 공개되지 아니한 증거가 만일 피고인에게 공개되었다면 사건의 결과가 달랐을 것이라는 합리적 개연성이 인정되면 그 증거자료는 공개대상이 된다고 판시하였다. 이후 ⓒWhitley 사건(1995년)에서는, 검사가 알지 못하는 경찰이 소유한 피고인에게 유리한 증거도 공개할 의무가 있다고 판시하였다.

우리 형사소송법은 증거개시제도로서 수사기록 열람·등사권을 규정하고 있는데, 이는 쌍방 당사자가 공판 내에서 공방을 이어가기 위한 절차적 정당성을 부여하는 한편 검사가 독점하고 있던 수사기록을 공개하고 공유함에 따라 사안의 실체적 진실발견을 도모하기 위한 장치이다. 현행법은 공소제기 후 검사에게 공소제기된 사건에 관한 서류 일반에 대해 열람·등사를 신청할 수 있다고 규정하고 있다. 그리고 그 구체적인 범위로서, 검사가 증거로 신청할 서류나 검사가 증인으로 신청할 사람과 관련된 서류 등을 열거하고 있는데 ⓔ일각에서는 현행법이 증거개시 대상을 검사가 증거로 '신청할' 서류 등이나 증인으로 규정하고 있으므로 피고인에게 유리한 증거라도 증거개시의 대상에 포함되지 않을 수도 있다고 주장하기도 한다. 그러나 ⓓ우리 대법원은 공익의 대표자인 검사는 수사 및 공판과정에서 발견한 피고인에게 유리한 증거를 법원에 제출하여야 할 의무가 있다고 판시하였다.

우리 형사소송법상 증거개시제도는 미국의 증거개시제도의 영향을 받은 부분이 보인다. 대표적인 예로서, 증거개시가 가능한 시점은 공소제기 이후로 한정된다. 한편 차이점도 존재하는데, 우리 형사소송법은 검사가 증인보호의 필요성, 증거인멸의 염려 등 일정한 경우에 증거개시를 일차적으로 거부하거나 제한할 수 있도록 하고, 이에 대해 피고인은 법원에 열람·등사 허가 결정을 구할 수 있도록 규정한 반면, 미국의 경우 증거개시가 원칙이고 개시를 거부할 정당한 사유가 있을 시에는 법원의 명령을 받아 그에 따라 제한될 수 있을 뿐이다. 한편 우리 헌법재판소는 법원의 수사서류 열람·등사 허용 결정에도 불구하고 이를 따르지 아니한 검사의 거부행위는 헌법이 보장하는 피고인의 신속하고 공정한 재판을 받을 권리와 변호인의 조력을 받을 권리를 침해하는 것이라 판시하였다. 현행 형사소송법은 위와 같은 법원의 결정을 지체 없이 이행하지 아니하는 때에는 해당 증거를 법원에 제출할 수 없다고 규정하고 있고, 대법원은 위와 같은 거부행위는 국가배상의 대상이 된다고 판시하였다.

1. 윗글의 내용과 일치하는 것은?

① 미국에서 증거개시제도는 명문으로 규정되어 있지는 않고 판례에 의해서만 인정되고 있다.
② 우리 형사소송법은 검사가 법원의 증거개시 허용 결정에 응하지 않을 경우에 대비한 규정을 구비하였다.
③ 우리 형사소송법상 증거개시제도는 증거개시 허가 여부를 결정하는 일차적 재량권을 법원에게 부여하고 있다.
④ 우리 헌법재판소는 미국의 연방대법원과는 달리, 검사가 공정의 무를 위반하여 증거개시 의무를 다하지 아니한 행위가 적정절차 원칙 위반이라고 보았다.
⑤ 우리 형사소송법상 증거개시제도는 검사가 가지고 있는 증거를 피고인에게 공유함으로써 당사자주의적 요소는 갖추었으나 상대적으로 직권주의적 요소를 포기하였다.

2. 윗글로부터 추론한 것으로 가장 적절한 것은?
① 미국 연방대법원에서 인정되는 증거개시의 범위는 우리나라의 그것과 같다.
② 'Bagley 사건'에서 연방대법원의 판결은 직권주의보다 당사자주의의 영향을 더 받았다.
③ 증거개시제도는 기본적으로 용의자가 수사기관보다 우월한 지위에 있음을 전제로 하여 발전되었다.
④ 우리나라에서 피의자가 검사에게 수사서류 열람·등사를 신청하고 검사가 이를 정당한 사유 없이 거부하는 경우, 검사는 국가배상책임을 진다.
⑤ 우리나라에서 법원이 어떤 증거에 대해 열람·등사 허가 결정을 하고 검사가 이를 이행하였더라도 그 이행에 상당한 시간이 소요된 경우에는 해당 증거를 유죄의 증거로 삼을 수 없다.

3. 윗글을 바탕으로 <보기>에 대해 평가할 때, 적절한 것을 있는 대로 고른 것은?

―<보 기>―

A는 강도강간 사건의 유력한 용의자로 지목되었다. 1심 재판 도중 국립과학수사연구소는 강도강간 피해자가 제출한 속옷에 대한 유전자검사 결과 A의 유전자형과 다른 남자의 유전자형이 검출되었다는 감정결과를 검사 B와 경찰관 C에게 송부하였다. 그러나 B는 해당 감정서를 법원에 증거로 제출하지 않았고 법원은 1심에서 A에게 징역 15년형을 선고하였다. A는 항소하였고 2심 법원은 국립과학수사연구소에 대한 사실조회결과를 통하여 그 감정 내용을 비로소 알게 되어 결과적으로 A에 대하여 무죄판결을 선고하였다.

ㄱ. ㉠과 ㉣은 B의 행위가 의무 위반 행위에 해당한다고 인정한다.
ㄴ. ㉢은 ㉡과 달리, 유전자검사 결과 감정서가 증거개시의 대상이 되지 않는다고 판단할 것이다.
ㄷ. ㉢은 B가 유전자검사 결과를 몰랐더라도 유전자검사 결과 감정서는 공개될 필요가 있다고 판단할 것이다.

① ㄱ ② ㄷ ③ ㄱ, ㄴ
④ ㄴ, ㄷ ⑤ ㄱ, ㄴ, ㄷ

[4~6] 다음 글을 읽고 물음에 답하시오.

도덕적 책임은 윤리학의 가장 핵심적인 개념이다. 표준적 설명에 따르면 '책임이 있음'은 '책임을 물음'에 선행한다. 즉 어떤 행위 주체에게 책임을 묻는 것이 공정하기 위해서는 그에게 실제로 책임이 있어야 한다. 이에 대해 윌리스는 이러한 표준적 설명에 반대하여 설명 순서를 거꾸로 해야 한다고 주장한다. '책임을 물음'의 개념을 통해 '책임이 있음' 개념을 설명해야 한다는 것이다. 이런 논지를 정당화하기 위해 윌리스는 우리가 누구도 부인하기 어려운, 우리에게 설명해야 할 데이터로 주어지는 현상을 출발점으로 삼아야 한다고 본다. 도덕적 분노, 분개, 죄책감 같은 우리의 '반응적 태도'가 바로 그런 현상이다. 어떤 사람에게 책임을 묻는 조건은 이 반응적 태도로 설명되어야 한다.

한편 결정론에 따르면 한 주어진 시점에서 세계의 모든 사실이 주어지면, 이 사실과 자연법칙에 의해 그 후에 발생할 모든 사건이 결정된다. 결정론이 옳다면 사람들에게 도덕적 책임을 묻는 우리의 사회적 실천은 정당성을 잃는가? 이에 대해 비양립론은 결정론과 도덕적 책임은 양립 불가능하므로 결정론이 참이라면 도덕적 책임을 묻는 사회적 실천은 정당화되지 않는다고 주장한다. 비양립론을 옹호하는 가장 유망한 전략은 일반화 전략 이다. 전통적으로 선택의 자유가 없는 사람에게 책임을 묻는 것은 불공정한 것으로 여겨진다. 일반화 전략은 결정론이 참이면 책임을 공정하게 묻기 위해 요구되는 조건이 어린이나 사이코패스의 경우처럼 특수한 경우만이 아니라 우리 모두에게 성립하지 않는다고 주장하는 것이다.

윌리스는 이러한 일반화 전략이 실패한다고 비판한다. 비양립론자들은 '한 행위 주체가 달리 행위할 수 있는 능력이 없다면, 그의 행위에 책임을 묻는 것은 불공정하다'라는 원리를 받아들인다. 그러나 이 '대안 부재 원리'는 반례가 있다. 갑이 을에게 의도적으로 총을 쏘려고 한다. 병은 갑이 모르는 사이에 모종의 조치를 해놓았다. 설혹 갑이 을을 쏘지 않을 경우, 갑의 마음을 조작하여 결국 갑이 을을 쏘게 만드는 것이다. 이 경우 갑은 병의 조치로 인해 을을 쏘는 것을 피할 수 없었다. 즉 갑에게는 달리 할 수 있는 대안이 없었다. 하지만 직관적으로 갑은 책임이 있다. 어떠한 간섭도 없이 을에게 의도적으로 총을 쐈기 때문이다. 따라서 도덕적 책임은 달리 행위할 수 있는 능력에 의존하지 않는다.

그렇다면 도덕적 책임은 무엇에 의존하는가? 윌리스에 따르면 어떤 주체에게 도덕적 책임을 묻는 것이 공정하려면 ㉠'책임 조건'이 성립해야 한다. 그리고 그 주체가 특정 수준 이상의 반성적 자기 통제력을 소유하는 경우에만 책임 조건이 성립한다. 책임 조건이 성립하지 않을 경우, 그 주체는 도덕적 책임에서 면제된다. 특정 수준 이상의 반성적 자기 통제력이 없는 어린이나 동물에게는 책임 조건이 성립하지 않고 면제 조건이 성립한다. 더 나아가 어떤 주체에게 책임 조건이 성립한다고 해서 곧바로 그 주체가 한 행동을 비난하는 것이 항상 공정한 것은 아니다. 그 까닭은 이 주체에게 타당한 변명 사유가 있을 수 있기 때문이다. 따라서 주체의 행동을 비난하는 것이 공정하려면 ㉡'비난 조건'이 성립하고, 변명 조건은 성립해서는 안 된다.

이제 문제는 결정론이 참인 경우 면제 조건이나 변명 조건이 성립하는가이다. 윌리스에 따르면 우리는 의도적 행위를 할 수 있고, 우리 자신과 타인의 많은 행위를 선택이라는 차원에서 설명할 수 있다. 결정론이 참인지의 여부를 모르더라도 우리는 여전히 이 사실을 받아들일 수 있다. 그러므로 윌리스는 결정론이 변명 조건을 성립시키지 못한다고 본다. 다른 한편 결정론이 참이면 어떤 행위자도 반성적 자기 통제력을 갖지 못하게 되는지도 살펴보아야 한다. 윌리스가 보기에 그러한 논리적 귀결은 부당하다. 반성적 자기 통제력은 일종의 이성적 능력으로, 언어 구사 능력과 같은 정신적 능력이다. 행위 주체가 이러한 이성적 능력을 소유하는지의 여부와 결정론이 옳은지의 여부는 직접적인 관련이 없다. 심지어 비양립론자조차도 자신이 이성적 능력을 갖고 있음을 부정하지는 않는다. 오히려 최면, 세뇌, 정신 이상이야말로 행위자의 반성적 자기 통제력을 훼손하여 면제 조건을 성립시키는 요인이 된다. 그렇다면 비양립론의 일반화 전략은 실패하는 것으로 보인다.

4. 윌리스의 관점과 일치하는 것은?

① 일반적으로 행위 주체가 이성적 능력을 보유한다는 사실은 결정론에 위배된다.
② 의도적 행위와 선택이라는 개념은 인간의 행위를 설명하는 데에 활용될 수 있다.
③ 우리가 도덕적 책임을 묻는다는 사실은 반응적 태도의 문제를 해명하기 위한 출발점이다.
④ 표준적 설명은 '책임을 물음' 개념을 통해 '책임이 있음' 개념을 설명한다는 점에서 부적절하다.
⑤ 세뇌에 걸려 행위한 사람에게 도덕적 책임을 물을 수 없다는 비양립론자의 견해는 옳지 않다.

5. 일반화 전략 에 대해 설명한 것으로 적절하지 <u>않은</u> 것은?

① 도덕적 책임을 부정하여 결정론이 참임을 보이기 위한 논증 전략이다.
② 선택의 자유가 없는 사람에게 책임을 묻는 것은 불공정하다고 전제한다.
③ 결정론이 참이라면 행위 주체가 선택할 수 있는 대안이 없어진다고 전제한다.
④ 달리 행위할 수 있는 능력이 없어도 책임이 있는 반례에 취약한 논증 전략이다.
⑤ 결정론의 진위와 관계없이 어린이 같은 특수한 경우에 책임을 묻지 않아야 함을 전제한다.

6. ⊙과 ⓒ에 대해 추론한 것으로 적절하지 <u>않은</u> 것은?

① 충분히 성장한 성인이지만 ⊙이 성립하지 않을 수 있다.
② 타당한 변명 사유 없이 비난받을 만한 행동을 한 사람은 ⓒ이 성립한다.
③ 누군가를 비난할 수 있는지 여부에 대해 면제 조건이 성립하면 ⓒ의 성립 여부를 검토할 필요가 없다.
④ ⊙이 성립하고 변명 조건이 성립하면, ⓒ은 성립하지 않을 것이다.
⑤ ⊙과 ⓒ을 모두 충족하더라도 달리 행위할 수 있는 능력이 없으면 도덕적 책임이 면제된다.

[7~9] 다음 글을 읽고 물음에 답하시오.

노화는 외부 자극에 대한 반응이 저하되어 외부 스트레스에 취약해지고, 항상성을 유지할 수 있는 능력이 감퇴되어 질병에 대한 감수성이 증가한 결과, 만성 질환에 취약해지는 변화 과정으로 정의된다. 개체의 측면에서 노화는 불리한 변화 과정이기 때문에 노화가 진행되는 이유에 관해서는 많은 의문이 제기된다. 연어와 같이 배란 후 사망하는 현상을 근거로 노화 과정이 철저하게 예정되어 있으며 집단 공동의 이익을 위해 개체의 수명이 조절된다는 의견이 제시되기도 하지만 일반적으로 노화는 개체가 외부 환경에 적응하는 과정 중에 나타나는 부적절한 결과로 생각되고 있다. 노화의 원인과 기전을 설명하기 위한 수많은 이론과 학설이 제시되고 있으나 노화를 설명할 수 있는 단일 이론은 존재하지 않는다.

노화 과정이 유전적인 인자에 의해서 철저하게 조절되며 영향받는다고 하는 이론은 노화의 다양성, 복잡성 및 예측 불가능한 특성을 충분히 설명하기에는 무리가 있다. 지난 100년간 평균수명은 지속적으로 증가해왔으나 최대 수명은 큰 변화가 없다는 사실은 인간의 수명이 외부의 환경적인 인자보다는 유전적 인자에 보다 많이 의존한다는 것을 보여준다. 또한, 동물 실험에서 단일 유전자를 치환하여 수명을 연장시킬 수 있었으며, 장수를 누리는 가계의 후손이 일반인에 비해 평균수명이 더 길며 노인성 질환의 발생이 유의미하게 적다는 사실은 노화 및 수명에 미치는 유전적 인자의 중요성을 잘 나타내 주는 증거이다. 그러므로 유전정보의 손상을 막고 안정성을 유지하는 것이 노화를 지연시키는 데 중요하다. 그런데 DNA의 유전정보는 산화스트레스와 같은 외부 자극에 의해 지속적으로 손상될 위험에 노출되어 있어 이러한 손상으로부터 효과적으로 복구하는 시스템이 필요하다. 실제로 동물 실험에서 손상된 DNA의 복구 과정을 방해한 결과, 수명이 단축된다는 사실이 알려져 유전정보의 안정성과 이를 유지하는 시스템의 중요성을 잘 보여주고 있다.

실험실에서 세포 배양 시 일정 횟수 이상 세대를 반복하면 더 이상 분열과 성장이 일어나지 않는 상태를 관찰할 수 있다. 생식세포와 종양세포를 제외한 모든 세포는 무한정 분열하는 것이 아니라 일정 횟수 이상 분열 후에는 증식하지 못한다는 사실은 세포 수명의 한계성을 보여주는 증거이다. 텔로미어는 세포핵에 존재하는 염색체 말단부에 위치하는 5´-TTAGGG-3´염기의 반복으로 이루어진 DNA 절편이다. 근육세포, 지방세포와 피부세포 등 대부분의 체세포는 세포핵 DNA 중합효소가 염색체 말단의 유전정보를 복제하지 못하기 때문에 세포분열에 따라 텔로미어 길이가 짧아지게 되며, 일정 길이 이하로 짧아지면 더 이상의 세포분열이 일어나지 않는 상태로 유지되거나 세포 사멸이 일어난다. 그러나 생식세포나 종양세포의 경우 텔로머라아제의 활성에 의해 일정 길이 이상의 텔로미어를 유지할 수 있다. 텔로미어의 안정성 유지와 텔로미어의 기능 조절은 노화 이외에도 종양 발생과도 관련이 있어 많은 연구가 수행되고 있다.

산화스트레스의 생성이 증가하거나 방어기제에 장애가 있는 경우 지속적으로 산화스트레스에 의해 세포가 손상되어 세포의 수명이 단축되고 궁극적으로 개체의 수명이 줄어들게 된다는 이론도 존재한다. 산소를 매개로 한 에너지 대사에서는 필연적으로 산소 라디칼이 생성되며 이를 효과적으로 제거해야 한다. 따라서 산화스트레스에 대한 방어 시스템은 에너지 대사과정 중 생성되는 산소 라디칼에 의한 세포 손상과 이에 따른 노화에 중요한 역할을 가져 많은 관심이 기울여져 왔다. 산소 라디칼의 효과적인 제거를 위해서 과산화 이온을 제거하는 SOD, 카탈레이스, 글루타치온 과산화효소 등의 항산화 효소들과 항산화 물질인 비타민 C, E, 요산 등이 중요한 역할을 한다. 최근 SOD, 카탈레이스 등 산화스트레스에 대한 방어기제를 항진시켜 수명을 연장시킬 수 있음이 보고되기도 했다. 한편, 세포핵의 p66shc은 세포 내의 산화스트레스의 생성에 관여하며 p66shc 유전자 발현을 억제한 동물모델에서 수명이 30% 연장되고 동맥경화, 혈관 내피세포 기능 억제 등 노화 관련 질환의 발생이 감소함이 알려졌다.

세포핵과 별개의 원형 DNA를 가지고 있는 미토콘드리아는 특히 에너지 대사에 중요한 기관이기 때문에 산화스트레스가 많이 생성되는 특성을 가짐과 함께 복구 시스템이 핵 내 DNA에 비해 불완전해 손상에 취약하다. 실제 동물 실험에서 교정기능에 결함이 있는 미토콘드리아 DNA 중합효소를 발현시키면 미토콘드리아 DNA의 변이가 관찰되며 동시에 노화의 여러 모습이 관찰되고, 미토콘드리아 DNA 중합효소에 결손이 있는 경우 노화 과정이 촉진되며 수명이 단축되는 것이 관찰된다. 이러한 관찰은 미토콘드리아가 스트레스에 손상받을 가능성이 크며, 복구 시스템이 취약한 미토콘드리아 DNA 손상이 미토콘드리아 기능 이상을 초래하여 노화를 일으키고 수명을 단축시킨다고 하는 이론을 뒷받침한다. 또한, 노화로 미토콘드리아의 형태가 변화되면 기능이 저하되어 세포 내 에너지원인 ATP 생성능력이 저하되면서 산화스트레스가 증가된다는 사실이 밝혀져 있다.

7. 윗글의 내용과 일치하지 <u>않는</u> 것은?

① 산화스트레스 생성에 대한 방어기작으로는 효소뿐만 아니라 여러 가지 물질 또한 사용될 여지가 있다.
② 대부분의 체세포는 세포분열이 일어날 때마다 세포핵 염색체의 텔로미어 길이가 짧아진다.
③ 노화가 유전체 내에 특정 시점에 일어나도록 예정되어 있기도 하다.
④ 노화에 직접적으로 영향을 미치는 단일 유전자가 존재한다.
⑤ p66shc 유전자는 세포 내 산화스트레스 생성을 억제한다.

8. 윗글에서 추론한 것으로 적절한 것을 <보기>에서 모두 고르면?

<보 기>
ㄱ. 피부세포와 같이 텔로머라아제가 없는 세포의 텔로미어 길이를 측정한다면 두 사람의 나이를 비교할 수 있다.
ㄴ. 미토콘드리아의 텔로미어가 짧아지는 것은 복구 시스템이 취약한 미토콘드리아가 기능 이상이 일어나는 원인이다.
ㄷ. 산화스트레스로 인해 텔로머라아제 활성에 장애가 일어난다면 체내 지방세포의 증식이 중단될 것이다.

① ㄱ ② ㄷ ③ ㄱ, ㄴ
④ ㄴ, ㄷ ⑤ ㄱ, ㄴ, ㄷ

9. 윗글의 내용만으로 <보기>를 이해한 것으로 가장 적절하지 않은 것은?

<보 기>

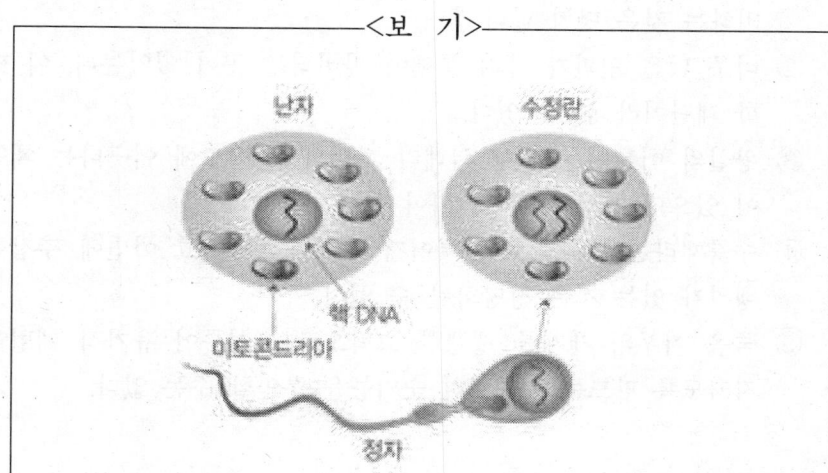

미토콘드리아 유전체는 모계유전되는데, 이는 수정 시 정자의 미토콘드리아가 난자로 들어가지 못하기 때문이다. 난자의 발달 과정 초기 미토콘드리아의 수가 급격히 감소하였다가 난자가 성숙해지며 미토콘드리아의 수가 회복되는데, 이 과정을 거치며 미토콘드리아 유전체가 선택적으로 증폭된다는 것이다. 이러한 현상을 병목현상이라 한다. 즉, 미토콘드리아 유전체의 변이는 단순히 모계에서 다음 세대로 수동적으로 전달되는 것이 아니라 병목현상을 통하여 선택적으로 전달되는 것이다. 이는 건강한 미토콘드리아 유전체 유지를 위한 수단이라고 할 수 있다.

① 미토콘드리아 유전체로 인한 노화는 부계보다 모계로부터의 영향이 더 크다.
② 미토콘드리아의 유전체 비교를 통해 이종사촌(이모의 자녀) 관계 여부를 알아낼 수 있다.
③ 미토콘드리아의 병목현상에 의해 복구 시스템에 결손이 있는 미토콘드리아가 제거될 수 있다.
④ 산소를 매개로 한 대사가 활발히 일어나는 미토콘드리아에서는 DNA가 손상될 가능성이 크다.
⑤ 미토콘드리아의 DNA 복제는 세포핵 DNA 복제와는 별개의 과정을 거치므로 복제 과정에서의 오류를 수선할 수 없다.

[10~12] 다음 글을 읽고 물음에 답하시오.

수륙재(水陸齋)란 물과 육지를 헤매는 영혼과 아귀를 달래고 위로하기 위해 불법을 강설하고 음식을 베푸는 불교 의례를 뜻한다. 수륙재는 태조 4년부터 고려 왕씨와 조선 개국 과정에서 희생된 전몰장병을 위해 국행으로 치러졌다. 태조는 왕명으로 조관을 파견해 향과 소문을 내리고 수륙재를 봄과 겨울에 개최하는 정기 의례로 삼았는데, 이로 인해 수륙재는 국가 의례로서의 위상을 확립하기에 이르렀다. 그러나 한편에서는 유교 질서를 정립하기 위해 수륙재에 대한 반발과 폐지론이 대두되었다. 대표적인 것이 ⓐ방운(方運)의 상소였다.

중들이 구름같이 모여 한강 가에서 하루가 지나고 열흘이 넘도록 극히 호화롭고 사치스럽게 차려서 종과 북소리는 땅을 흔들었습니다. 천당과 지옥의 고락을 그림 그리고, 사생과 화복의 응보를 보여 주니, 이에 귀천과 남녀를 논할 것 없이 모두가 보고 듣고자 모여 드니, 도시는 이 때문에 텅 비고 관진(關津)은 이 때문에 길이 막혀 통하지 못하였습니다. 그 당시 재물을 허비한 것을 보면, 재물을 산더미같이 쌓아놓고 흙과 모래같이 흩어 버렸습니다. 쌀을 배에 잔뜩 싣고 나가 강물에 던져 버렸으니, 하늘이 낸 물건을 마구 천대함이라, 저 푸른 하늘에 지은 죄로써 말씀을 하자면 말이 너무 길어 이루 다하지 못할 것이요, 정욕의 감정은 남녀보다 더 심함이 없거늘, 흐르는 땀을 뿌려 비를 이루었습니다. 겉으로는 수륙재의 모임이라 하겠으나 속으로는 더러운 행위를 이루었습니다.

- 세종 16년 -

이렇게 수륙재를 성대하게 연 장본인은 효령대군으로, 태종의 둘째 아들이었으니 왕실의 최고 어른이라 할 수 있었다. 효령대군은 사찰을 중건하고 불경을 번역하는 왕실 종친이라는 신분으로 불교계의 든든한 후원자가 되었으나 조정의 유신들로부터 강한 비판을 받았다. 이러한 수륙재는 한강과 같은 천변뿐 아니라 도성 바깥에서도 개최되었다. 창의문 바깥에서 개최된 수륙재도 성황을 이루어 도성 안의 사녀(士女)들이 길을 메우면서 구름처럼 모여들었다. 승려들의 도성 출입 금지 조치를 지키지 못한 관리와 의례를 열어 어리석은 백성을 꾀고 사녀를 현혹한 승려 무리들에게 책임을 물어야 한다는 비판이 이어졌다. 그 결과 개최자에 해당하는 10여 명이 감금되고, 화주와 시주, 법승이 체포되었다.

이처럼 반발이 일어난 점은 수륙재에서 사용한 기물과도 관련이 있다. 의례에 필요한 장비와 불화가 사찰에서 의식단이 설치된 곳으로 옮겨졌다. 압수한 기물 목록에는 황옥교, 납교의, 기선 등이 있었는데, 황옥교는 황제가 타는 가마이며 납교의는 이동하여 가지고 다니는 의자를 말한다. 그 밖에 기선도 왕실 행사에 사용하는 위의구의 일종이었다. 이처럼 불교 교단에서 의도적으로 왕실의 권위를 차용한 점이 더욱 괘씸하게 여겨진 것이다. 다음 ㉠기사도 이러한 맥락에서 이해될 수 있다.

승려들이 사방에서 모여들어 몇 천 명이나 되는지 모를 정도였으며, 조각 장식의 물건을 극도로 화려 사치하게 하여 옛날에도 보지 못하던 정도였다. 붉은 비단으로 깃발을 만들고 황금으로 가마를 꾸미고 앞뒤로 북을 치고 피리를 불어 임금의 수레가 친히 왕림하는 상황처럼 베풀었으며, 또 배위(拜位)를 마련하여 마치 상이 부처에게 배례하게 하는 것처럼 하였으니, 그 흥패함은 형언할 수 없었다. 창고의 재정이 고갈되고 종실·척리도 곡식과 비단을 내어 그 일을 도왔다. 대비가 그 계율을 따라 목욕재계하고 소식하기를 수십여 일 동안 하다가 병환이 나기에 이르렀던 것이다. 병세가 위독하게 되자 내관을 보내어 중지하게 하였는데, 무차대회를 베푼 지 이미 며칠이 되었다.
- 명종 20년 -

물론 조정은 건국 초부터 유교적 상례(喪禮)를 정착하려고 노력했으나, 고위직 가정에서 불교 의례를 실행하는 일을 완전히 없애지는 못했다. 주자학이 기본 강령이 되면서 그에 맞는 예법서를 왕가와 조정 중신, 사대부와 일반 서민에 이르기까지 보급한 노력이 무색했던 것이다. 세종 16년에 이와 관련한 ⓒ 기사가 있다.

죽은 판부사 이화영의 후처 동씨는 "오로지 남편 집의 전민(田民)과 남편의 계모 윤씨의 전민을 써서 큰 집을 짓고 살면서 사당 터에 정실(淨室)을 지어 불상을 걸어 놓고, 그 남편과 조상의 신주는 낮고 더러운 곳에 두고는 조상의 신주로 하여금 돌아가 의탁할 곳이 없게 하였으니 불효 막심하옵니다. 청하건대, 율(律)을 상고하여 죄를 과하고, 불당을 부수고 사당을 지어 예(禮)에 의하여 봉사하게 하옵소서." 하니, 그대로 따르되, 그 죄는 용서하고, 불당을 부수지 말게 하였다.
- 세종 16년 -

이는 불교 의례가 생의 순환 단계에서 유교가 대체할 수 없는 종교적 기능을 지니고 있어 쉽게 사라질 수 없었고, 공동체를 통합하는 축제의 요소를 갖고 있었기 때문이다. 이처럼 불행한 죽음을 위로하던 불교 의례는 해마다 일정 시기에 마련되어 일상의 고단함을 털고 휴식을 취할 수 있는 축제의 장으로 자리 잡았다.

10. 윗글에 대한 이해로 가장 적절한 것은?
① 수륙재는 한강 강가만이 아니라 지방 도시에서 개최되기도 하였다.
② 수륙재가 국행으로 치러진 것은 태조가 조선을 건국한 해부터였다.
③ 주자학적 이념에 따른 예법은 귀천을 가리지 않고 적용되는 것이었다.
④ 불교 교단은 의례에 필요한 물자를 사찰에서 자체적으로 조달했다.
⑤ 왕실의 후원과 지지 없이 불교계가 독자적으로 수륙재를 개최하기도 하였다.

11. ⓐ의 입장에서 동의하기 어려운 진술에 해당하는 것은?
① 곡식은 하늘이 내려준 귀한 것으로 이를 용도에 맞지 않게 낭비하는 것은 당치 않다.
② 너무 많은 인파가 몰려 통행이 마비되는 곳이 있었는데, 이 또한 폐단이라 할 수 있다.
③ 왕실의 어른이 주도한 의례라 하더라도, 법도에 어긋나는 폐단이 있으면 마땅히 비판받아야 한다.
④ 수륙재라는 명목으로 이루어진 의례라 한들 그 이면에 추잡한 행위가 있는 것은 정당화될 수 없다.
⑤ 죽음 이후의 세계를 생생한 그림으로 보여주어 유가적 예법을 지키도록 만드는 수륙재의 순기능을 부인할 수는 없다.

12. ⓒ, ⓒ에 대한 이해로 적절하지 않은 것은?
① ⓒ에 따르면 수륙재 진행을 위해 왕이 사용할 수 있는 기물도 동원하곤 했다.
② ⓒ에 따르면 왕실 사람도 불교적 계율을 따르다가 몸을 상하게 하는 일이 있었다.
③ ⓒ에 따르면 남편과 조상의 신주보다 불상을 귀하게 취급하는 것은 유교적 예법에 반한다.
④ ⓒ이 강제적인 의례 참가를 문제 삼는다면, ⓒ은 자발적인 의례 실천을 문제 삼는다.
⑤ ⓒ이 주로 의례의 진행 방식을 문제 삼는다면, ⓒ은 상례의 진행 방법을 문제 삼는다.

[13~15] 다음 글을 읽고 물음에 답하시오.

경제학에서 말하는 노동시장에서의 차별이란 동종의 업무에 종사하고, 동등한 수준의 업무성과를 내는 두 근로자에 대해 생산성과 무관한 기준에 기초하여 근로조건에 차이가 나타나게 되는 경우를 흔히 지칭한다. 근로조건에서의 차이는 노동시장에서의 채용이나, 개별 기업에서의 승진, 급여 등을 광범위하게 포괄한다. 이러한 개념에 따르면 생산성이 같으면 근로조건이 같아야 하는 것이 원칙이지만, 생산성이 다를 때 근로조건이 다른 것은 차별에 해당하지 않는다. 가령 성별이나 인종과 같은 대표적 차별금지 지표를 기준으로 할 때 동일한 지표를 지닌 동질집단에 속한 사람들 사이에도 얼마든지 차별이 발생할 여지가 있게 된다. 노동근로자 개인의 생산성과 무관한 상이한 속성에 따른 근로조건의 차이에 해당하는 '노동시장에서의 차별'은 노동시장에 접근하기 이전 단계에 나타날 수 있는 사회적인 차이 등 여러 가지 속성의 차이를 일컫는 '시장 전 차이'를 강화하고, 이는 다시 노동시장에 영향을 미치는 방식으로 상호작용을 한다.

게리 베커는 1957년에 발표한 「차별의 경제학」에서 고용차별이 발생하게 되는 원천으로 고용주, 동료, 그리고 고객을 들었다. 이들 3자가 최적화된 고용에 비해 일부의 손실을 일종의 '프리미엄'으로 감수하고서도 특정 속성을 가진 자를 채용하지 않는 선택을 함으로 인하여 차별이 발생한다는 것이다. 베커에 따르면 고용차별은 고용 판단의 상황에서 비합리적 선호라는 '시장 외부적 요소'가 반영되기 때문에 발생하는 것이다. 그런데 이론적으로 생산물시장이 완전경쟁시장인 경우에는 프리미엄을 냄으로써 다른 기업의 생산비용과 비교할 때 조금이라도 생산비용이 높은 기업은 손해를 보고 퇴출될 수밖에 없다. 그러나 현실의 생산물시장은 불완전경쟁 상태일 수 있으므로 차별 프리미엄을 지불하는 기업도 생산물시장에서 살아남을 수 있다. 그럼에도 프리미엄을 지불하면서 비효율적인 비용구조를 유지하는 기업문화가 어떻게 장기간 존속될 수 있는지에 관하여 베커의 이론은 설득력 있는 설명을 제시하지 못한다. 경영자에게 차별적 경영구조를 해소함으로써 이윤을 증대하고자 하는 유인이 존재할 수도 있고, 고용차별이 있다는 평판이 형성된 기업에는, 높은 직무능력을 지닌 인재들이 차별받을 가능성이 있다고 판단하고 아예 지원하지 않을 수도 있다. 고객이 해당 기업의 상품을 소비하지 않을 가능성도 있다.

베커의 '편견에 기초한 차별 이론'을 보완하는 주요한 이론은 '통계적 차별 이론'이다. 통계적 차별 이론의 핵심은 사용자의 신규 채용, 임금결정, 승진 등 인사에 관한 의사결정 과정이 개별 노동자의 직무능력, 즉 생산성에 대한 정보를 정확히 파악하기 어려운 상황에서 이루어지는 불확실성 하의 의사결정의 일종이라는 것이다. 불확실성 하에 놓인 사용자가 특정 집단 구성원이 다른 집단 구성원에 비해 평균적으로 낮은 생산성을 가진다고 판단하고, 해당 집단에 속하는 노동자에게 실제 생산성에 비해 열등한 처우를 하게 되는 경우 이를 통계적 차별이라고 한다. 고용의 과정에서 사용자와 노동자는 모두 불확실한 상황에 놓인다. 사용자의 입장에서는 노동자의 생산성을 정확하게 파악하고 평가하는 데에 한계가 있을 수밖에 없고, 노동자의 입장에서는 자신의 생산성을 사용자에게 설득력 있게 보여주고 증명하는 데에 어려움이 나타날 수밖에 없다. 이에 노동자는 자신의 정보를 알리는 시그널링을 하고, 사용자는 해당 정보의 진위를 가려내고 필요한 노동자를 선별하는 스크리닝을 하게 된다.

일반적으로 평범한 노동력을 지닌 노동자들은 수가 많고, 선망하는 근로조건을 제공하는 회사는 그리 많지 않기 때문에, 노동시장에서는 수요독점에 조금 더 가까운 환경이 조성될 가능성이 높다. 그 경우 보통은 노동자가 시그널링을 하고 사용자가 이를 스크리닝하는 구조가 나타난다. 이 과정에서 사용자 입장에서는 특정한 인적 속성을 표지로 삼아 심사비용을 절감하고자 하는 유인이 생긴다. 사용자가 이러한 전략을 취하는 경우, 자신의 능력보다 높은 평균을 지닌 집단에 속한 노동자는 상대적 고평가를, 그 반대의 노동자는 저평가를 받을 수 있다. 이렇게 차별은 사용자가 부당하게 차별하려는 의도가 없는 경우에도 발생할 수 있다. 다른 한편, 신호발송의 효과와 비용을 감안한 채용 지원자들의 전략적 행동이 통계적 차별을 강화할 가능성도 있다. 평균적으로 낮은 직무능력을 지닌 것으로 알려진 집단에 속해있으나, 실제로는 높은 직무능력을 보유한 노동자가 시그널링을 위해 소요되는 비용이 이를 통해 확보할 수 있는 더 좋은 근로조건보다 크다고 판단하여, 차별 개선을 위한 노력을 기울이지 않게 되는 것이다. 즉, 통계적 차별이론에 따르면 고용차별은 개인의 비합리적 선호라는 시장 외부적 요소가 아니라, 정보의 불균형이라는 불확실성 하에서 행위자들의 합리적 선택으로 인해 시장 내에서 구조적으로 발생하는 것으로 파악된다.

13. 윗글의 내용에 비추어 볼 때 적절하지 않은 것은?

① '통계적 차별 이론'에 따르면, 고용차별은 행위자들의 합리적 선택의 결과이다.
② '통계적 차별 이론'에 따르면, 사용자는 시그널링을 통해 필요한 노동자를 찾아낸다.
③ 경제학에서 말하는 노동시장에서의 차별 개념에 따르면, 동질집단 내에서도 차별이 발생할 수 있다.
④ '편견에 기초한 차별 이론'에 따르면, 고용차별은 개인의 비합리적 선호라는 시장 외부적 요소에 의해 발생한다.
⑤ '통계적 차별 이론'은 프리미엄을 지불하면서 비효율적인 비용구조를 유지하는 기업문화가 장기간 존속할 수 있는 이유를 설명한다.

14. 윗글의 내용을 바탕으로 추론한 내용으로 적절한 것은?

① 고객이 차별하는 기업을 싫어하면 차별이 발생하지 않는다.
② 차별하려는 의도가 없다면 통계적 차별이 발생하지 않는다.
③ 경영자가 편견 없는 사람이면 차별이 발생하지 않는다.
④ 불확실성이 사라지면 통계적 차별이 발생하지 않는다.
⑤ 모든 행위자가 합리적이면 차별이 발생하지 않는다.

15. 윗글과 <보기>를 바탕으로 추론한 내용으로 적절한 것은?

<보 기>

최근 우리나라에서 논의되는 블라인드 채용제도는, 그 취지를 보면, 편견이 개입될 수 있는 정보를 제외하고, 직무능력에 대한 평가를 중심으로 채용과정을 진행하는 제도인 것으로 넓게 요약할 수 있다. 즉, 기본적 발상이 주로 편견에 기초한 차별이론에 바탕을 두고 있는 것이다. 그런데 사용자에게는 차별에 활용할 정보를 수집할 유인뿐만 아니라, 우수한 인재를 식별할 정보를 수집할 유인 또한 동시에 존재한다. 문제는 이 두 정보가 일정 수준 중첩될 수 있다는 것이다. 한편 블라인드 채용제도는 특정 정보 유형에 대한 공급자의 신호발송을 원천적으로 금지하는 한편으로, 특정 정보 유형에 대해서는 집중적으로 정보가 제공되도록 하여, 정보의 흐름에 왜곡을 가져올 가능성도 있다.

① 블라인드 채용제도가 도입된다면 불확실성 하에 놓인 사용자는 이를 환영할 것이다.
② 블라인드 채용제도는 통계적 차별을 완화하기 위한 정책적 개입이라고 할 수 있다.
③ 블라인드 채용제도를 통해 '시장 내에서 구조적으로 발생하는' 고용차별을 완화할 수 있다.
④ 블라인드 채용제도로 인해 사용자가 인재 식별을 위해 더 많은 비용을 지출하게 될 수 있다.
⑤ 블라인드 채용제도를 통해 편견에 기초한 차별을 완화하고 노동시장의 효율성을 높일 수 있을 것이다.

[16~18] 다음 글을 읽고 물음에 답하시오.

한국전쟁기의 북한 문학은 전쟁의 문학적 형상화에 집중하고 있었다. 조국을 해방하는 역사적인, 그러나 피부로 실감할 수 있는 전쟁이었기에 이 '전쟁'을 어떻게 서사화할 것인가에 대한 고뇌가 치열하게 전개되었던 것이다. 북한문학은 이 시기에 한국전쟁을 소재로 한 소설의 전형들을 창조해냈으며 이는 현재에까지 이른다. 작가 개인을 둘러싼 현실적 문제와 전형의 창조를 중시하는 북한문학의 특성상 이 시기에 구축된 서사적·형상적 전범은 현재까지도 반복된다. 자발적 열의로 전투의 최전선에 서는 영웅적 군대와 이러한 '도덕적' 군대를 돕는 선량한 후방의 인민들의 협력이 빚어내는 승리는 이 시기 전쟁소재 북한문학의 전형이라 할 만하다.

특히 미군의 공중 폭격을 포함하여 물적인 열세를 겪었던 북한의 문학에서 영웅의 형상화는 한국전쟁기 북한문학의 가장 주요한 과제였다. 잘 조형된 영웅은 적에 대한 반감을 일으키는 선전의 용도로 활용될 수 있기 때문이다. 예를 들어, 김만선의 「사냥꾼」은 나이 많은 군인 ㉠김의성이 원시적 수준의 중기로 미군의 '쌕쌕이'를 격추시키는 내용의 이야기다. 이 소설에서 중심인물인 김의성은 아들을 출정시켰음에도 불구하고, 복수의 일념으로 자원입대한 열정적인 인물이다. 이 소설은 평범한 중년 남성인 김의성의 열정을 서사의 전면에 배치한다. 이 열정은 달구지 바퀴와 연결한 허술한 총기로도 거대한 전투기를 격추시키는 환상으로 귀결되는데, 이러한 결말은 물량에서 오는 전력의 차이를 인간의 의지로 극복하여야 했던 한국전쟁의 구도와 연결되어 있다. 즉, 북한 영역에 극심한 피해를 끼친 미군의 공중 폭격을 이겨낼 수 있는 방안으로서 적에 대한 증오에서 비롯된 열정과 의지가 동원되었던 것이다.

그런데 불리한 전황 속에서 고난을 의지로 극복해내는 서사는 역설적으로 아군의 불리한 정황을 노출한다. 적의 기계가 하늘을 장악한 동안, 지상의 인간들은 달구지 바퀴를 개조하여 이에 맞선다. 이 구도는 청동기와 신석기의 전쟁만큼이나 그 대비가 뚜렷하다. 이 전쟁에서 '적'들은 기계를 앞세워 공중에서 폭탄을 투하한다. 적들의 전투는 지상에서 하늘까지의 거리를 두고 기계 안에서 이루어진다. 그러나 아군의 전투는 지상에 있다. 지상의 전투는 대개가 적군과 아군의 근접전이다. 아군의 테크놀로지는 달구지 바퀴에 연결한 기총이나 바퀴 달린 의자를 활용해서 만든 총기처럼 신체의 원시적인 연장에 불과하다. 이러한 측면에서 「사냥꾼」은 다름 아닌 영웅적 인물의 활약에 따른 서사를 통해서 한국전쟁기 북한이 극복하고자 했던 물자의 부족과 테크놀로지의 격차를 극명하게 드러낸다.

김영석의 「화식병」에서 화식병, 다시 말해 취사병 ㉡성근은 「사냥꾼」의 김의성이 그러하듯 자신의 임무에 열정적이면서도 뚜렷한 개성을 가진 인물로 형상화된다. 그는 적의 사격 속에서 식사를 준비하며, 포탄 터지는 소리에 놀라 도망친 소를 다섯 시간이나 헤매어 찾아낸다. 심지어 그는 부상에도 불구하고 폭격이 떨어지는 전장에 뛰어들어 배식한다. 소설에서 부상은 서사를 더욱 극적으로 전개하는 장치로 기능한다. 부상을 당한 순간에도 자신의 두려움을 경계하는 성근의 모습을 통해, 소설은 성근의 신체와 그 고통보다는 정신의 영역에 집중한다. 인간적인, 개성적이고도 친밀한 인물이 열정적으로 고난을 헤쳐 나가는 북한 전쟁서사의 전형

속에서 성근의 신체는 잠시 서술의 후면으로 물러난다.
　흥미로운 것은 성근이 그 자신의 육체적 한계를 극복함으로써 인민군의 결핍을 보완한다는 것이다. 그는 분노와 의지로 손상된 신체를 극복하고 타인에게 음식을 전달한다. 육체적 한계를 극복한 병사가 다른 병사들의 육체적 한계를 보완함으로써 마침내 승리를 쟁취해낸다는 이 소설의 서사는 의지의 투쟁과 위기 극복이라는 점에서 북한의 한국전쟁 소재 서사의 전형에서 벗어나지 않는다. 하지만 이 소설은 가장 일반적 전형이라 할 수 있을 전투병이나 기계수가 아닌 화식병에 주목한다는 점에서 독특한 위치를 점한다. 개성적이고도 친근한 인물인 성근은 화식병이라는 역할을 통해 적에 대항하는 인민군대의 육체성을 드러낸다.

16. 윗글과 일치하지 않는 것은?

① 김영석은 주인공의 직무를 차별화함으로써 북한문학의 전형을 거듭하는 동시에 자기 문학의 개성을 꾀했다.
② 전쟁을 문학적으로 형상화한 북한문학에서는 영웅의 숭고한 헌신과 같은 전형적 서사 구조가 반복된다.
③ 「사냥꾼」은 미군의 공중 폭격에 대항하는 인민군을 묘사함으로써 반미주의의 감정을 고취시킨다.
④ 김만선은 북한의 전쟁 경험을 반영해 지상의 병력이 공중의 적과 싸워야만 하는 상황을 그렸다.
⑤ 한국전쟁기 북한문학에서 적에 대한 분노와 의지는 신체적 한계의 항구적 초월을 담보한다.

17. ㉠과 ㉡에 대한 설명으로 적절한 것은?

① ㉠은 아들을 잃은 분노를 바탕으로 군에 입대하고, 미군의 격투기를 격추시킴으로써 승리의 주역이 된다.
② ㉡은 고통에서 자유로울 수 없는 북한군의 육체성을 보여주는 인물이다.
③ ㉡과 달리, ㉠이 가진 개인적 증오는 작중에서 결핍된 자원을 보완하는 주요한 동력으로 기능한다.
④ ㉠과 ㉡은 자발적으로 참전한 열정적 인물이라는 점에서 전쟁 소재 북한문학의 영웅의 전범을 따른다.
⑤ ㉠과 달리, ㉡은 신체가 가진 한계를 정신적 측면에서 극복하고자 함으로써 모순적으로 북한군의 열악했던 상황을 드러낸다.

18. 윗글과 <보기>를 바탕으로 추론한 내용으로 적절한 것은?

<보 기>
　'조국해방전쟁'이 수령의 형상화와 맞물리며 승리한 전쟁으로 공식화되고 영웅의 서사가 반복될수록, 전쟁의 육체성, 전투를 위한 재생산의 장면들은 후면으로 밀려난다. 물론 전쟁의 육체성을 보여주는 또 다른 지표인 부상은 꾸준히 활용된다. 하지만 부상은 한계를 극복해내는 영웅의 전형을 가장 극적으로 보여줄 수 있는 속성을 가졌다는 점에서 허기와는 분명한 차이를 지닌다. 부상은 허기나 굶주림과 달리 시각적으로 강렬한 이미지를 부여하며 상황에 따라서는 적의 비도덕성까지도 강조할 수 있다. 부상은 전쟁의 속성 중 하나일 육체성을 가장 선명히 보여줄 수 있는 요소지만, 동시에 북한 소설에서는 영웅을 만들기 위한 '특별한 이벤트'로서만 활용된다.

① 영웅의 극적 형상화를 위해 부상을 활용한다면, 작가는 부상과 회복 과정에 차등을 두지 않고 서술할 것이다.
② '김의성'이 참여한 전투가 인민군의 완승으로 종결되었다면, 그가 사용한 무기의 수준은 더 이상 중요하지 않다.
③ 부상이 허기에 비해 긍정적으로 평가된다면, 그것은 부상이 허기보다 전쟁의 육체성을 적나라하게 드러내기 때문이다.
④ 북한문학에서 '화식병'과 같은 인물들이 격하된다면, 그것은 허기를 통해 연상되는 신체를 지우고자 하는 시도일 것이다.
⑤ '성근'의 상처가 상세히 묘사되었다면, 작가는 부상에 감각적 이미지를 부여함으로써 적의 비도덕성을 강조하려 한 것이다.

[19~21] 다음 글을 읽고 물음에 답하시오.

1870년대에 생겨난 고전 포퓰리즘은 농민과 지주·귀족 혹은 엘리트 지배층의 대립 구도에서 농민을 대변한 운동으로서 좌파적 혹은 진보적 경향을 띠었다. 고전 포퓰리즘은 러시아 브나로드와 미국 인민당이 대표적으로, 브나로드가 차르 체제와 자본주의 경제 구조를 혁파하려는 혁명적 지식인들의 포퓰리즘이었다면, 미국 인민당은 남북전쟁 후 경제적 갈등과 도농 갈등 및 양당(민주당과 공화당) 대립 지형에서 평등한 대우를 요구하며 등장한 급진적인 상향식 대중 운동이었다. 두 운동이 내세운 인민의 범주와 성격은 소작농과 자영농이라는 면에서 차이를 보이지만 당시로서는 차별받는 인민의 대표적 계층을 대변한다는 점에서 유사했다. 정치 경제적 이념에서 인민당은 브나로드와 달리 사회주의를 주장하지는 않았다. 당시 고전 포퓰리즘은 현대적 의미에서 좌우 이념 구분이 뚜렷하지 않았고 그렇기 때문에 정치 경제적 이념으로서의 색채는 강하지 않았다.

구포퓰리즘은 대공황과 불안정하고 파편화된 정당 체제 혹은 종족 갈등이 심한 민주주의 저발전 국가에서 발생한 포퓰리즘으로서 농민이라는 구체적 범주에서 일반의지에 기반을 둔 집단주의적 인민을 상정하고 전일적인 인민 직접정치를 추구했다. 구포퓰리즘은 1920년대 경제 위기 상황에서 등장하였는데, 독일 나치즘과 이탈리아 파시즘 그리고 라틴 아메리카의 민중주의가 그 대표적 형태다. 고전 포퓰리즘이 좌파적 성향을 띠었다면, 구포퓰리즘은 우파 경향으로 시작해 좌파 경향으로 확대되었다. 1920년대 세계 대공황 시기에 이를 해결할 수 없었던 파편화되거나 불안정한 정책과 정당 체제라는 조건에서 독일과 이탈리아에서 각각 발흥한 나치즘과 파시즘이 우파 구포퓰리즘이며, 1940년대 종족 갈등과 불안정한 정치 상황에 처한 아르헨티나에서 등장한 페론주의가 좌파 구포퓰리즘이다. 이들은 언술적으로 인민과 대중을 내세우지만, 민족주의 및 국가주의로 표출되는 강력한 집단주의 이념과 결합해 대의 민주주의를 부정하는 경향으로 나아갔다. 이들은 고전 포퓰리즘보다 더 영향력 있는 카리스마적 지도자를 중심으로 정당 체계를 구축하였다. 그중 우파 구포퓰리즘인 나치즘과 파시즘은 제국주의로 전개됨과 동시에 폭력적·유기체적 집단주의를 내세웠으며, 특히 나치즘의 민족주의는 인종주의로 치달았다.

1970/80년대의 새로운 경제 위기는 기존 포퓰리스트들의 변화와 신포퓰리즘의 등장을 가져왔다. 서유럽의 좌파 신포퓰리즘은 카르텔화된 양대 정당의 경제위기 대처 미흡과 무능함에 대한 저항이 신좌파적으로 형성된 한편, 라틴 아메리카의 우파 신포퓰리즘은 불안정한 정당 체제 하에서 방만한 재정운영으로 국가부채가 증가함에 따른 경제위기가 발생함에 따라 등장하였다. 좌파 신포퓰리즘은 서유럽에서 68혁명으로 대두되었으나 유의미한 정치세력을 구축하지 못하였으나, 우파 신포퓰리즘은 라틴아메리카에서 페루의 후지모리, 아르헨티나의 메넴, 멕시코의 살리나스 등이 집권하여 재정적자를 축소하고 세계화, 개방화를 추구하는 신자유주의적 개혁을 추진하였다. 이렇게 등장한 두 가지의 신포퓰리즘은 고전 포퓰리즘이나 일부 구포퓰리즘처럼 농촌 중심의 운동이 아니며 대의 민주주의를 수용한다는 공통점을 가진다. 신포퓰리즘이 구포퓰리즘과 가장 중요하게 다른 점은 대의 민주주의의 테두리 안에서 그 한계를 보완할 수 있는 대안을 주장한다는 점에 있다. 대부분의 구포퓰리즘은 유기체적 집단주의 사고에 따라 카리스마적 지도자에 의존해 그 지도자와 운명을 같이했으나, 신포퓰리즘은 지도자와 인민의 직접적인 관계를 중시한다는 점에서 여전히 지도자의 정치적 비중이 크지만, 그 지도자는 카리스마적일지라도 교체 가능한 수준에 머문다. 그러나 아이러니하게도 신포퓰리즘 정당들이 대의 민주주의를 수용함에 따라 경제위기가 타개된 후 이들의 지지율은 하락하여 이후 정권을 내줄 수밖에 없었다.

포스트포퓰리즘은 신자유주의가 위기에 처한 2000년대 이후 생겨났다. 신자유주의로 재정을 긴축하고 세계화가 진행됨에 따라 빈부 격차가 확대되자, 기존의 정당들이 기득권을 대변하는 것으로 유권자들이 인식하여 이에 대한 저항으로, 좌파적 포스트포퓰리즘이 대두되었다. 그리스의 시리자, 이탈리아의 오성운동, 스페인의 포데모스 등은 신자유주의적 경제 기조와는 반대로 재정지출의 확대, 복지 확대 및 국제 조약의 재검토 등을 주장하였다. 이 중 스페인에서 포데모스는 타 국가와 달리 2020년에 연립정부를 구성하여 집권 세력으로서의 입지를 구축한다. 이 시기에 형성된 포스트포퓰리즘 정당들은 엘리트와 인민을 분리시켜 엘리트 대의 정치를 비판하면서 인민 직접 정치를 추구한다는 점에서 기존 포퓰리스트와 동일하지만, 집단주의에 머물지 않고 개인주의까지 수용한다는 점에서 파격적으로 다르다. 지도자 중심주의도 크게 약해져 개방적 조직 구조를 갖추고 대의 정치를 수용하면서 비판한다. 이들은 대부분 좌파 혹은 급진 좌파에 속하는데 대중들의 평등주의 열망을 아래로부터 결집해 정치적으로 표출하고 그 정치적 에너지를 흡수하는 모습을 보인다.

19. 윗글의 내용과 일치하지 않는 것은?
① 고전 포퓰리즘과 구포퓰리즘은 모두 인민의 대표적 계층을 농민으로 상정한다.
② 고전 포퓰리즘은 러시아와 미국에서 각기 다른 형태로 대두되었으나, 좌파와 우파의 이념적 경계는 애매하였다.
③ 포스트포퓰리즘은 신포퓰리즘과 달리 엘리트 대의 정치를 비판하지만 대의 정치를 수용하면서 인민 직접 정치를 추구한다.
④ 구포퓰리즘은 언술적으로는 집단주의적 인민을 상정하여 인민 직접주의를 추구하였으나 대의 민주주의를 부정하고 민족주의적, 국가주의적 경향을 보였다.
⑤ 신포퓰리즘을 채택한 집권 세력은 신자유주의적 개혁을 대의 민주주의를 수용하면서 실행하였으나, 포스트포퓰리즘은 신자유주의에 저항하고 신자유주의와 반대되는 정책을 주장하였다.

20. 윗글을 바탕으로 추론한 것으로 가장 적절한 것은?
① 포퓰리즘은 시간이 흐름에 따라 지도자의 역할이 축소되었다.
② 포스트포퓰리즘은 과거의 포퓰리즘과 달리 좌파적 경향을 띤다.
③ 아르헨티나는 우파적 포퓰리즘이 등장한 후 새로운 경제위기가 닥침에 따라 좌파적 포퓰리즘이 등장하였다.
④ 불안정한 정당 체제 하에서 우파적 포퓰리즘이 대두되는 경향이 있으나, 좌파적 포퓰리즘 또한 불안정한 정치 환경에서 나타나기도 한다.
⑤ 유럽에서 신포퓰리즘은 집권 세력으로 발전하지 못하였으나, 포스트포퓰리즘은 그리스, 이탈리아, 스페인 등에서 집권 세력이 되어 신자유주의와 반대되는 정책을 수행하였다.

21. 윗글을 바탕으로 <보기>를 평가한 것으로 적절하지 않은 것은?

<보 기>

경제위기는 정치위기를 수반하며, 위기를 극복하기 위한 국민들의 정치적 선택은 다양한 정치변동 양상을 초래하게 된다. 이러한 경우 정당 간 세력균형을 형성하던 정치 환경이 급변함에 따라 특정 정당 또는 인물에 대해 압도적인 지지 여론이 형성되게 된다. 이때의 지지는 기존 경제위기 상황의 타개라는 하나의 목표 달성을 위해 다소 비합리적으로 이루어지고, 시간이 흐르면 기존의 정치 지형으로 돌아가는 경우가 많다.

민주주의는 국민의 선호를 반영해야 하나, 선거는 특정 시점의 선호를 반영한 결과라는 맹점이 있다. 따라서 국회의원 선거 결과로 행정수반인 총리를 선출하는 의원내각제 하에서 선거 주기가 길거나, 대통령 선거와 국회의원 선거를 동시에 치르고 선거 주기가 긴 대통령제의 경우 특정 시점에 집권 가능한 강력한 지지가 있었다면 이를 기반으로 긴 기간 동안 국정 운영을 할 수 있다. 또한 민주주의의 발달이 이루어지지 않은 경우 특정 시점의 강력한 지지를 바탕으로 카리스마적 지도자가 독재를 할 수 있다.

① 경제위기 상황에서 집권한 포퓰리즘 정당은 집권 이후 장기적으로 지지율이 하락할 가능성이 높다.
② 서유럽의 68혁명 당시, 국민의 일시적 선호가 선거에 유의미한 수준으로 반영될 수 있는 정치적 여건이 조성되지 않았을 가능성이 높다.
③ 포퓰리즘 지도자가 경제위기 상황에서 대통령에 당선되었으나 경제위기의 해결 이후 국회의원 선거를 치러야 할 경우, 대통령은 대통령 선거 당시 지지층의 요구를 충실히 수행해 지지율을 유지하고자 할 것이다.
④ 포퓰리즘 정당은 국민의 선호를 반영하는 인민 직접 정치를 표방하나, 정치 위기 상황이라는 특수 상황에서 일시적으로 형성된 선호를 토대로 장기적 국정 운영 방향을 정한다는 점에서 장기적으로 비민주적인 면을 보인다.
⑤ 히틀러가 독일의 제1차 세계대전 패배 이후 독일의 경제위기 타개를 목표로 나치즘을 내세워 집권한 후, 수권법을 통해 모든 권력을 본인에게 이양하여 독재자로 군림할 수 있었던 이유로 독일 민주주의의 저발전을 들 수 있다.

[22~24] 다음 글을 읽고 물음에 답하시오.

아도르노는 예술작품을 그 자체로 존재하는 하나의 독립적인 구성물이자 하나의 세계로 비유한다. 예술작품의 진정성을 평가하려면 이처럼 하나의 통일체로서 예술작품을 구성하는 내재적 법칙과 형상적 요소를 분석해야 한다. 여기서 분석의 초점이 되는 것은 예술작품의 진리 내용이다. 진리 내용을 성공적으로 표현하는 작품의 구성 원리는 짜임 관계이다. 짜임 관계는 비개념적 인식인 형상들의 상호 관계로서 이러한 형상들의 부정적 계기를 더 강조하는 의미를 갖는다. 이는 아도르노가 미메시스(mimesis)적 충동에 내재된 규정적 부정성의 계기에 주목하기 때문이다. 인간의 본성에 내재된 미메시스적 충동은 예술적 합리성을 지배하는 계몽적 요소와 긴장하면서 보존되어 왔으며, 이러한 부정적 계기는 아도르노가 말하는 예술의 양면성, 즉 예술의 자율성과 사회성의 관계에도 그대로 반영된다. 미메시스적 충동은 사회적 억압으로부터 자유롭지 못하지만, 또한 예술적 경험을 통해 그러한 억압으로부터의 해방을 가능하게 하는 원동력이기도 하다.

예술의 자율성 측면에서 예술은 사회적인 것과 거리를 두면서 고유의 법칙을 따르므로 예술작품은 그 자체로 인식적 구조이자 인식적 방법을 나타낸다. 그리고 예술작품의 진리 내용은 ㉠예술적 반성과 ㉡미학적 반성 모두와 매개된다. 예술적 반성이란 자연미에 대한 예술적 경험을 대상으로 하는 생산적 반성이고, 미학적 반성은 미학적 객관성을 대상으로 하는 수용적 반성이다. 일반적으로 예술작품의 이해 혹은 평가는 미학적 반성에서 출발하여 예술적 반성에 도달하는 순서로 이루어진다. 즉 작품이 진리 내용을 잘 표현하는가를 따지는 수용자의 관점이 먼저고 작품으로 무엇을 표현할 것인가를 따지는 창작자의 관점이 나중이다. 그러나 아도르노는 예술 생산의 입장에서 작품을 더 잘 이해할 수 있다고 본다. 이는 이해와 평가 사이에 불일치가 존재하며, 예술작품의 이해와 평가를 위해서는 예술적 반성과 미학적 반성이 모두 필요하다는 것을 뜻한다. 물론 역설적이게도 이 점이 예술작품의 객관적 평가가 어려운 이유이기도 하다.

예술의 사회성 측면에서 예술작품은 자연과 역사의 상호작용에 매개된 미메시스적 충동과 계몽적 합리성의 변증법적 인식이 표현된 것이다. 즉 예술작품의 소재, 재료, 기술, 기법은 역사적 제약에 구속된다. 그러면서 동시에 예술은 현실 사회에 대한 반발로서 하나의 새로운 세계를 창조하기 위한 비판적 실천이다. 작품의 내적 구조는 시대적 제약에 구속된 작품의 재료와 이념적 내용이 상호 연관되어 있음을 뜻한다. 따라서 예술작품의 이해와 평가는 미학적 객관성의 대상인 진리 내용을 작품의 구성과 형태를 매개로 내재적으로 추적하는 수밖에 없다. 이는 개념적 인식이나 논증적 인식이 아니라 해석적 이해이자 비판적 반성을 통해서 이루어진다.

그렇다면 구체적인 이해와 반성은 어떻게 할 수 있고, 예술작품의 진리 내용을 어떻게 포착할 수 있는가? 아도르노는 ㉢철학적 반성을 답으로 내놓는다. 진리 내용은 작품의 수수께끼적 성격을 반성적으로 해석하는 과정에서 파악되며, 이러한 작업에는 해석을 수행하는 이성의 작업으로서 철학적 반성이 요구되기 때문이다. 철학적 반성을 통한 진리 내용의 파악 가능성은 자연미와 예술미의 관계와 긴밀하게 결부된다. 예술적 충동의 원천으로서 미메시스적 충동이 내재된 예술적 경험을 통해 포착된 것이 자연미이다. 자연미는 주체의 영역으로는 환원될 수 없는 생성 과정 중에 있는 자연의 모습이며, 예술은 포착한 자연미를 예술적 경험을 통해 예술미로 완전하게 하려는 정신의 작업이다.

아도르노는 이러한 입장에 비추어 대중음악을 비판한다. 고급 음악과 달리 재즈와 같은 대중음악은 문화산업에 종속되어 있다. 분명 예술작품을 하나의 상품으로 전락시킨 문화산업은 문제의 소지가 다분하다. 그러나 아도르노가 재즈에 내리는 평가는 단순한 소비자의 관점만 고려한 것이 아니라 음악 창작자의 입장도 고려한 것이다. 아도르노의 입장을 따르면 재즈가 과연 진리 내용을 갖는지가 문제가 된다. 아도르노가 재즈와 로큰롤을 묶어 저급예술로 분류한 이유는 무엇보다도 두 장르가 진리를 담고 있지 못하다고 보기 때문이다. 요컨대 진정한 예술작품은 사회 비판과 저항의 기능을 해야 하는데, ⓐ재즈는 철저히 상품으로만 거래되는 산물에 불과해졌다는 것이다.

22. 아도르노의 입장에 대한 이해로 가장 적절한 것은?

① 미메시스적 충동이 결여된 예술적 경험으로는 자연미를 포착하기 어렵다.
② 예술작품을 주변 환경과 독립적인 구성물로 볼 경우 예술의 사회성이 강조된다.
③ 모든 예술작품의 제작 기법은 이념적 내용으로부터 자율적인 역사의 산물이다.
④ 인간에게 보편적인 미메시스적 충동은 사회적 억압을 낳는 계몽적 합리성의 일종이다.
⑤ 예술작품이 짜임 관계를 잘 구성하지 못하면 비개념적 인식의 형상이 지닌 부정적 계기를 상실한다.

23. ㉠, ㉡, ㉢에 대해 설명한 것으로 적절하지 않은 것은?

① ㉠과 ㉡만으로는 불충분하므로 이성을 사용하는 반성이 필요하다.
② ㉠, ㉡과 달리 ㉢을 통해서 고정된 자연의 모습을 포착할 수 있다.
③ ㉠과 ㉡이 모두 필요하지만 예술작품의 깊은 이해는 ㉠을 통해 가능하다.
④ 진리 내용의 표현이라는 관점과 연관이 깊은 것은 ㉠보다 ㉡이라고 할 수 있다.
⑤ ㉠과 ㉡과 비교할 때 ㉢은 자연미와 예술미의 관계에 비추어 진리 내용을 파악하는 활동이다.

24. ⓐ에 의문을 제기한 것으로 가장 적절한 것은?

① 재즈가 진리 내용을 담지한 대중음악 장르라는 점을 논증으로 보여줄 수는 없을까?
② 재즈가 문화산업에 종속된 장르라는 해석에 경도된 결과, 재즈 생산자의 관점을 고려하지 않은 것은 아닐까?
③ 명백히 상품으로 분류되는 로큰롤과 달리, 재즈는 감상자에게 진리 내용을 갖는 예술로 인식되고 있지 않을까?
④ 문화산업의 영향으로 재즈가 상품으로 소비되고 있다는 사실은 재즈에 계몽적 합리성이 있음을 보여주는 증거가 아닐까?
⑤ 재즈가 대중 사회에서 출현한 장르라고 해도, 해석적 이해를 통해 비판의 계기를 품은 개별 작품을 발굴할 수 있지 않을까?

[25~27] 다음 글을 읽고 물음에 답하시오.

　삼각 측량에서는 멀리 떨어진 각 지점을 꼭짓점으로 하는 여러 개의 삼각점을 정하고, 각 삼각점에서 각도를 측정하여 다른 삼각점들의 위치와 거리를 파악한다. 삼각 측량을 하기 위해서는 하나의 기선이 정해져야 한다. 기선이란 두 삼각점 사이의 거리를 실제로 정확하게 측량하여 삼각 측량의 기준으로 삼는 선분을 말한다. ㉠<그림>에서 실제의 거리 측량을 통해 선분 AB를 기선으로 정했다고 하자. 이럴 때 C의 위치는 선분 AB와 선분 AC 간의 각도, 그리고 선분 AB와 선분 BC 간의 각도를 측정하여 확정할 수 있다. 삼각형에서 하나의 선분 길이와 양 끝의 각도를 알면 나머지 선분들의 길이를 계산할 수 있으므로, 이를 통해 선분 AC와 선분 BC의 거리를 알 수 있는 것이다. 이런 방식을 사용하면 실제로 거리를 측정하지 않아도 삼각 측량을 통해 얻은 거리를 활용하여 또 다른 삼각점의 위치를 확정하는 식으로 수많은 위치 간의 거리를 알 수 있다.

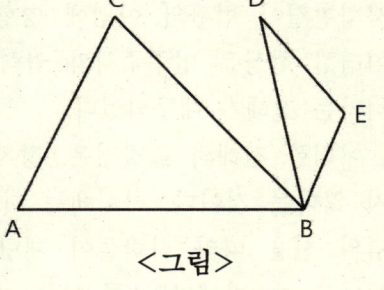
<그림>

　현대의 측량 기술은 평면에 2차원 위치를 기록하는 방식을 넘어 3차원 위치 정보를 구현하는 단계에 이르렀다. 이를 위해 레이저를 쏜 후 대상에 반사되어 돌아오는 레이저를 분석하여 대상까지의 거리를 측량하는 라이다가 사용된다. 라이다를 이용한 거리 측량은 펄스 측량법과 위상차 측량법으로 나뉜다. 펄스 측량법은 레이저 펄스가 되돌아온 시간을 측정한다. 레이저는 빛의 속도로 전파되므로, 대상까지의 거리는 빛의 속도에 펄스가 왕복한 시간을 곱한 후 반으로 나눈 값과 같다. 이와 달리 위상차 측량법은 레이저를 연속적으로 전송한다. 위상이란 파동의 주기에서 파동이 어떤 형태로 시작하는지를 뜻하는 것으로, 레이저가 대상에 부딪히는 순간의 미세한 시간 지연으로 인해 전송한 레이저의 위상과 수신한 레이저의 위상에 차이가 발생한다. 이 위상차를 레이저의 주파수로 나눈 값과 대상까지의 거리는 비례관계에 있으므로, 위상차를 주파수로 나눈 값이 클수록 대상까지의 거리가 먼 것임을 뜻한다. 이와 관련하여 주파수가 클수록 절대적 위상차의 크기 역시 크다. 위상차 측량법을 사용하는 라이다는 동일 거리에 대해 위상차가 크게 나타나는 것일수록 세밀한 거리 측량이 가능하며 대상이 이동하거나 갑자기 출현하는 상황에서 사용하는 데에 유리하다. 다만 레이저의 세기를 키우기 힘든 단점이 있다. 그래서 지형을 측량할 때에는 세기가 큰 레이저를 사용할 수 있어서 잡음의 영향을 덜 받는 펄스 측량법이 사용된다.

　라이다를 활용한 지형 측량은 항공기에 라이다를 싣고 하방의 지형을 측정하는 식으로 이루어진다. 라이다는 항공기의 진행 방향을 따라 지표의 300m 폭을 지그재그로 훑으며 초당 수만 번 펄스를 쏘면서 그중 일부를 수신한다. 이 과정에서 라이다는 3개 이상의 GPS 위성 통신과 동시에 교신하여 매 순간 라이다의 절대 위치와 고도를 계산한다. 하나의 펄스가 지상의 어느 지점에 반사된 후 되돌아왔다고 하자. 라이다는 해당 지점까지의 거리를 산출하고 라이다의 위치 정보를 토대로 하여 해당 지점의 위도와 경도 좌표는 물론 높이에 해당하는 표고 정보를 얻는다. 항공기가 지역을 여러 차례 훑으면 지표의 무수히 많은 점들에 대해 각각 3차원 정보를 얻을 수 있다.

　한편 되돌아온 펄스의 세기는 전송했을 당시보다 약해지는데, 대상의 재질이나 색깔에 따라 반사율이 다르므로 조금씩 차이가 발생한다. 예컨대 흰색 건물에 반사된 펄스는 검은 바다에 반사된 펄스보다 세기가 덜 약해진다. 이를 통해 각 지점의 명암 정보도 얻을 수 있는데, 라이다에서 쏘는 펄스의 세기가 클수록 세밀한 명암 정보를 얻는다. 각 점의 3차원 위치 정보와 명암 정보를 종합하여 3차원의 가상공간에 구현하면 건물의 높이나 모양까지 그대로 나타나는 3차원 흑백 지도를 얻을 수 있다. 명암 정보에 의해 흑백으로 보이는 상태에서 사진을 통해 얻은 컬러 정보를 입히면 '컬러 3차원 지도'가 완성된다.

25. '컬러 3차원 지도'의 제작과 관련된 설명으로 적절한 것은?

① 라이다는 동일 고도에서 동일 각도로 펄스를 쏘아 산출한 거리가 멀수록 높이가 낮다고 판단하는 방식으로 표고 정보를 얻는다.
② 라이다는 펄스가 되돌아올 때마다 가장 가까운 하나의 GPS 위성 통신으로부터 항공기의 위치 정보를 얻어 활용한다.
③ 라이다는 펄스가 반사된 지점의 위치 정보를 정확하게 파악하기 위해 초당 하나의 펄스를 송신한다.
④ 라이다를 통해 얻은 컬러 정보를 비롯하여 명암 정보, 3차원 위치 정보를 모두 종합하여 생성된다.
⑤ 세기가 강한 레이저를 사용해야 잡음의 교란에서 벗어날 수 있으므로 위상차 측량법을 활용한다.

26. ㉠에 대해 추론한 것으로 적절한 것을 <보기>에서 모두 고르면?

─< 보 기 >─
ㄱ. <그림>에서 A와 B간의 거리와, 선분 AB와 선분 AD가 이루는 각도만을 알고 있을 때 D의 위치를 확정할 수 없다.
ㄴ. <그림>의 선분 AB가 기선이라면 각도 측량을 통해 A와 C간의 거리뿐 아니라 B와 D간의 거리도 구할 수 있다.
ㄷ. <그림>의 선분 AB를 기선으로 사용하기 위해서는 삼각 측량 이외의 방법으로 A와 B의 거리를 측량해야 한다.

① ㄱ　　② ㄷ　　③ ㄱ, ㄴ
④ ㄴ, ㄷ　　⑤ ㄱ, ㄴ, ㄷ

27. 윗글을 바탕으로 <보기>에 제시된 (가)와 (나)에 대해 추론한 내용으로 적절하지 않은 것은?

<보 기>

(가) 전면 라이다는 지속적으로 변화하는 앞차와의 거리를 측량하거나 갑자기 튀어나오는 장애물을 감지해야 한다. 측면 라이다는 돌아온 레이저의 세기를 임곗값과 비교하여 검은 도로 위의 흰 차선을 감지한 후 차선까지의 거리를 측량해야 한다.

(나) ⓐ와 ⓑ는 펄스 측량법 라이다이며 펄스의 세기는 ⓐ가 더 크다. ⓒ와 ⓓ는 위상차 측량법 라이다이며 레이저 주파수는 ⓒ가 더 크다.

(가)의 용도와 조건에 부합하는 두 종류의 라이다를 (나)의 ⓐ~ⓓ 중에서 선정하여 자율주행자동차에 장착하려 한다.

① 측면 라이다에 ⓐ를 사용할 때보다 ⓑ를 사용할 때에 도로의 동일 지점에서 반사되어 온 펄스의 세기가 더 작다.
② 측면 라이다에 ⓐ 혹은 ⓑ를 사용할 때 차선과 라이다 간의 거리가 절반으로 줄면 펄스의 왕복 시간도 절반으로 준다.
③ 측면 라이다에 ⓐ 혹은 ⓑ를 사용할 때에는 라이다로 되돌아 온 여러 펄스들 중에서 세기가 임곗값보다 큰 펄스만 거리를 측정하면 된다.
④ 전면 라이다에는 측량해야 할 대상의 특성으로 보아 연속적으로 레이저를 쏘는 방식인 ⓒ 혹은 ⓓ를 사용하는 것이 유리하다.
⑤ 전면 라이다에 ⓒ를 사용할 때보다 ⓓ를 사용할 때 동일 거리에 있는 앞차에 대해 위상차가 크게 나타나므로 세밀한 측량이 가능하다.

[28~30] 다음 글을 읽고 물음에 답하시오.

근대 민주주의 사회는 국가권력을 분립시켜 상호 간 견제하도록 유도하였다. 그 바탕에서 사법부의 중립성이 강조되었고, 법관의 판결은 정치적으로 중립적이어야 한다는 원칙이 정립되었다. 법관은 법을 합리적으로 해석하여 사건에 적용하는 데에 그쳐야 하고, 자신의 정치적 이념이나 개인적 신념을 근거로 결론을 내려서는 안 된다는 것이다. 그러나 현실에서 법관의 판결이 중립성을 유지하고 있는지에 관하여 많은 의문이 제기되었다. 이에 사법판결이 법관의 이념에 영향을 받는다는 점을 긍정하면서도, 이러한 현상은 민주주의와 권력분립의 체제에 어긋나는 것은 아니라는 견해가 대두되었다.

이러한 견해의 출발점은, 정치적 이념이 정형화·고착화되어 있지 않다는 것이다. 사회에는 다양한 이념이 존재하고 그러한 이념의 선을 따라 사람들이 대립한다. 하지만 내적으로는 어떠한 이념도 그 자체만의 특정되고 일관된 진정한 비전을 갖지 못한다. 가령 진보주의와 보수주의가 대립한다고 해도, 그것들은 본질적으로 논쟁적인 개념에 불과할 뿐 어느 하나의 선명하고도 통일된 비전을 제시하지 못한다. 한편 외적으로도, 개개인을 각각의 이념에 명확하게 구분지어 배정할 수 있는 것도 아니다. 가령 진보주의를 신봉한다고 주장하는 법관도 실상 보수주의적인 관점들을 체화하고 있을 수 있고, 어떠한 이념도 따르지 않는 것처럼 보이는 법관도 존재한다. 심지어 전자보다 후자가 판결하는 과정에서 더 이념적인 선택이나 결정을 행하기도 한다.

정치적 이념은 쉬운 사안(easy case)보다는 어려운 사안(hard case)의 판결 과정에 더 쉽게 침투한다. 쉬운 사안의 경우 법발견을 통해 법률의 언명이 비교적 명확하게 도출되므로, 이를 구체적인 사실관계에 적용하면 곧바로 결론이 나온다. 하지만 어려운 사안의 경우, 서로 다른 결과를 지향하는 법률들이 병존하거나, 동일한 법률을 두고도 정반대의 해석이 가능하거나, 혹은 선례가 없어서 어떠한 선택을 해도 무방하게 보이는 등 실질적으로 여러 가지 가능한 결론 중에 법관이 선택을 해야 하는 상황에 놓인다. 이때 법관의 역할은 필연적으로 ㉠입법에 가까운 사법으로서 법발견보다 법형성에 접근하게 되고, 그 결과물은 중립적이라기보다는 정치적으로 보이는 판결이다.

선택의 기로에 놓인 법관이 어떠한 이념을 좇을지에 관하여 정해진 기준은 없다. 단순하게 생각하면, 해당 법관이 신봉하는 이념에 가까운 결론을 선택한다고 볼 수 있다. 하지만 반드시 그러한 것은 아니다. 법관은 서로 대립하거나 얽혀 있는 각종 이념들의 전체적인 체계를 조망하면서, 그러한 현실을 반영하는 서로 다른 법규나 해석들 중 가장 합목적인 것을 고심 끝에 택할 수도 있다. 그 경우 법관은 선택된 법규나 해석에 스스로가 동의하지 않을 때에도 자신의 개인적인 신념에 영향을 받지 않은 채 판결할 수 있다. 그렇다면 정치적으로 편향된 것처럼 보이는 판결일지라도 실상 법관의 정치적 이념과는 동떨어진 것일 수 있다. 그런 의미에서 법관의 판결은 정치적 중립성을 저버린 것이 아니라, 오히려 선택의 과정에서 최대한 합리적인 결정을 하고자 하는 노력의 산물이라 볼 수 있다.

그럼에도 법관들은 자신들의 판결은 입법이 아닌 사법일 뿐이며, 정치적으로 중립적인 무색무취한 것이라고 주장한다. 법관 자신은 선례와 관행에 따라 혹은 비정치적인 필요에 따라 특정 법규나 법해석을 선택한 것이라고 강변하기도 한다. 이러한 태도는 법관이 헌법과 법률 그리고 직무상 양심에 따라 재판한다는 대원칙을 수호하기 위한 것으로 추측되며, 사법판결의 권위를 고려한 것으로 보인다. 하지만 법관이 서로 갈등하는 정치적 이념의 집합 속에서 일정한 선택을 해야 할 수밖에 없다면, 오히려 그러한 상황에 직면하는 법관의 능동적인 역할을 인정하는 것이 바람직할 것이다. ⓒ냉엄한 정의의 숭배자라는 환상을 내세우는 것보다는, 상이한 이념에 영향을 받지만 동시에 보다 나은 사회를 향한 염원을 추구하는 주체임을 긍정하는 것이 필요하다. 그때 비로소 사법판결을 정확히 이해하는 것도 가능해질 것이다.

28. 윗글의 내용과 일치하지 <u>않는</u> 것은?

① 정형화·고착화된 정치적 이념이라는 개념은 허구에 가깝다.
② 법관은 특정 법규의 정책적 목적을 고려하여 자신의 신념과 반대되는 결론을 내리기도 한다.
③ 정치적으로 편향된 것처럼 보이는 판결은 외적으로 정형화된 정치적 이념이라는 개념을 뒷받침한다.
④ 선례가 없으면서 적용될 법률의 내용이 간단명료한 사건에 대한 법관의 판결은 법형성보다 법발견에 가깝다.
⑤ 어느 판결이 정치적 이념에서 독립된 무미건조한 결과물이 아닐지라도, 그것만으로 민주주의에 위배되는 것은 아니다.

29. 윗글의 입장에서 ⓞ과 ⓒ에 대해 설명한 것으로 가장 적절한 것은?

① 법관이 수행하는 작업이 ⓞ인 경우 그는 정책적인 필요보다는 선례와 관행을 따르기 위해 고심할 것이다.
② 법관이 자신의 역할을 ⓒ이라고 말하는 것은 사법판결의 권위 증진과 무관하다.
③ 자신의 역할이 ⓒ이라고 말하는 법관은 ⓞ을 수행함에 있어 언제나 자신의 신념에 따를 것이다.
④ 법관이 수행하는 작업이 ⓞ에 가까운 사건에서도 법관은 자신의 역할이 ⓒ이라고 말할 것이다.
⑤ 법관이 수행하는 작업이 ⓞ이 아닌 사건에서 법관은 자신의 역할의 역할이 ⓒ이 아니라고 말할 것이다.

30. <보기>를 바탕으로 윗글에 대해 추론한 것으로 가장 적절한 것은?

<보 기>

사법(司法)에 대한 고전적인 이해는 증거로부터 인정된 구체적인 사실관계에 법률의 문언에 기초한 해석이 덧씌워지는 '법적용'을 강조한다. 이때 법관은 주관을 투영해서는 안 되고, 법체계 속 하나의 톱니바퀴와 같은 부품처럼 법을 규칙적으로 적용하여야 한다. 이러한 입장은 기본적으로 '법형성'을 지양한다.

하지만 실제에 있어 법형성과 법적용은 쉽게 구별되지 않는다. 법형성을 정당화하는 추론은 법적용의 논증과 강한 연속성을 띤다. 뿐만 아니라 법형성에서 자주 사용되는 유추에 의한 논증은, 기존의 법적용 사례들과의 유사성을 강조하고 추구하는 목적이 조화됨을 보이는 데에 유용하다.

사법적 법형성의 결과물을 법관법(judge-made law)이라 부른다. 하지만 법관법을 창출해 낼 때에도 법관의 자의가 허용되는 것은 아니며, 그는 입법부가 제정한 법률의 한계 내에서 판결하여야 한다. 비록 법관은 최상의 해법에 도달하기 위해서 자신의 판단력을 행사하지만, 이러한 제한은 최상의 결론을 채택하는 것을 막기도, 차선을 택하도록 강요하기도 한다.

① 법형성을 지양하는 입장에서는 정치적 이념이 본질적으로 논쟁적인 개념이라는 데에 동의하지 않는다.
② 상반되는 목적을 가진 두 개의 법규 중 선례와 다른 결론에 도달하게끔 하는 법규를 적용할 때, 유추에 의한 논증은 효과적인 논거를 제공한다.
③ 법률의 한계 내에서 차선을 택한 판결은 정치적 중립성을 저버린 법관법이라고 평가할 수 있다.
④ 법적용은 어려운 사안에서, 법형성은 쉬운 사안에서 더 빈번하게 나타난다.
⑤ 법체계 속 하나의 톱니바퀴와 같은 법관의 역할은 환상에 가깝다.

도서소개

LEET 언어이해 전개년 기출백서

2024학년도 THE 300제 언어이해

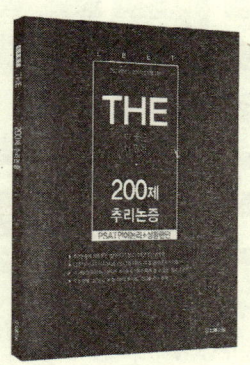
2024학년도 THE 200제 추리논증

LEET 7개년 기출백서

2022학년도 리트 엄선모의고사

2021학년도 리트 엄선모의고사

2020학년도 리트 엄선모의고사

법률저널 LEET 전국 모의고사

강화약화 4.0

논리개념 매뉴얼 5.0

LEET 추리논증 법률문제110

LEET 추리논증 엑기스 100제

합격생이 직접 풀어쓴 PSAT 기출문제 해설집 11개년

합격생이 직접 풀어쓴 PSAT 유형별 기출문제 해설집 8개년

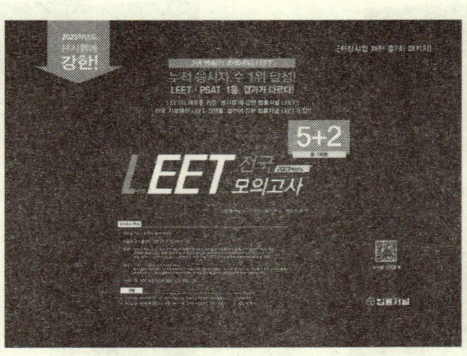
2023학년도 LEET 총7회분(5+2) 봉투모의고사

GOAT-LEET에 이어 이제는
LEETBoost 실전 전국모의고사

LEETBoost >>> Your Path to LEET Success!

2024학년도 법률저널 LEETBoost 신청 BIG EVENT

혜택1 ─ 7세트 패키지 응시료 할인
- 7세트 패키지 응시료 30% 할인
  580,000원 → 406,000원(30% ↓)
- 제1회(5.14) 현장 응시자에게 '책상 컵홀더 거치대' 증정
  * 취소할 경우 증정품 공제 후 환불/수령 후 반품 불가

- 신청 기한 : 2023.5.13.(토) 자정까지
※ 회당 응시료 80,000원(온·오프 동일)/
   단, 제7회 100,000원(논술 포함)
   (고물가시대에도 응시자 부담 최소화하기 위해 응시료 동결)

혜택2 ─ 6세트 패키지 응시료 할인
- 6세트 패키지 응시료 20% 할인
  500,000원 → 400,000원(20% ↓)
- 신청 기한 : 2023.5.27.(토) 자정까지

혜택3 ─ 장학금회차 패키지 신청 이벤트
- 제3회~제7회(장학생 선발 회차) 5세트 패키지 응시료 5% 할인
  420,000원 → 399,000원(5% ↓)
- 신청 기한 : 2023.6.10.(토) 자정까지

혜택4 ─ 대학 단체 접수 시 응시료 할인
- 응시료 할인은 참여 대학과 협의 후 결정
- 대학 단체는 별도 접수페이지를 통해 접수함
- 대학 단체는 재학생 확인함(학생증 JPG(JEPG) 파일 파일용량 500kbytes 이하)로 등록)
- 학생증 스캔한 파일은 이름, 학생증 번호, 대학명은 노출 하되 얼굴은 가려도 됨

혜택5 ─ 유관기관장상 수여
- 장학금 회차 모두 응시한 자 중 성적 우수자 중에서 선발
- 장학금 회차 모두 현장 응시자 대상
- 성적 우수자 중 법률저널에서 심사해 3명을 선발함
- 장학금은 법률저널에서 지급함

혜택6 ─ 격려장학금 500만원 쏜다!
- 매회 성적순(표준점수)으로 7명(현장 5명, 온라인 2명) 선발함
  * 단, 제1회(5.14.)는 8명(현장 6명, 온라인 2명) 선발함
- 격려장학금은 중복 수상 제한 없음.(매회 수상 가능)
- 면학 및 성적우수 장학금 수상에도 제한 없음
- 동점자가 선발인원 초과 시 추이-언어 표준점수 순으로 선발
- 격려장학금은 매회 각각 100,000원 지급
- 성적 발표 후 개별 통지, 계좌로 입금(제세공과금 법률저널 부담)
※ 격려장학금은 '법조공익재단법인' 사랑샘에서 후원함

구분	선발인원	시상내역	비고
법조공익재단법인 사랑샘	매회 7명 선발·제1회 8명	현장 5명 온라인 2명	각 10만 원	총 50명 선발 5,000,000원

혜택7 ─ 총 25,000,000원 장학금 수여!
- 면학 장학금 10,000,000원(8명)
- 성적우수 장학금 15,000,000원(18명)
* 중복 수상일 때 수상자에게 유리한 상 적용
* 면학 및 성적우수, 유관기관장 장학생 선발은 제3~제7회 모두 현장 응시한 시험(논술 제외)의 표준점수 성적으로 산정함. 단, 면학 장학 생도 성적이 상위 30% 이내에 들어야 함.
* 모든 장학금 수상자는 로스쿨 최종 합격하면 반드시 합격수기를 제출 해야 함.

구분	선발인원	시상내역	
법조공익재단법인 면학 장학생	사랑샘 미래상(1명)	200만 원	총 장학금 25,000,000원
	사랑샘 희망상(2명)	각 150만 원	
	사랑샘 인재상(5명)	각 100만 원	
유관기관장 상	최우수상(1명)	200만 원	
	우수상(2명)	각 150만 원	
법률저널 성적장학생	인재상(5명)	각 100만 원	
	이룸상(10명)	각 50만 원	

※ 유관기관장 상의 장학금은 법률저널에서 지급함
* 면학 및 성적 우수자 모두 대상이 될 때 지원자에게 유리한 하나의 상만 적용

혜택8 ─ 온라인 및 결시자에 문제지 무료 배송
- 온라인 및 결시자에 문제지 무료 배송 서비스
- 문제지+해설지+OMR답안지 구성
* 문제 다운로드는 매 시험 시작 1시간 전 가능
* 문제지 배송은 시험 종료 후 매주 월요일 발송
* 문제지 배송 신청은 네이버 카페(https://cafe.naver.com/lecleet)

2024학년도 LEETBoost 실전 전국모의고사 일정

Real LEET의 진수를 느낄 수 있는 실전 전국모의고사!
합격 결정짓는 최고의 우위 전략…이제 선택은 필수!

회차	일정	접수	비고
본시험 접수	2023.5.23.(화)~2023.6.1.(목)		내가 원하는 시험장 선택 (접수는 법률저널 LEET 시험장 선택) 1year 시험장서 실전연습 반복
제1회 (책상컵홀더거치대) 증정	2023.5.14.(일)	2023.4.24.(월)~2023.5.13.(토)	
제2회	2023.5.28.(일)	2023.4.24.(월)~2023.5.27.(토)	
제3회 (장학생 선발 회차)	2023.6.11.(일)	2023.4.24.(월)~2023.6.10.(토)	온·오프 동시 시행
제4회 (장학생 선발 회차)	2023.6.25.(일)	2023.4.24.(월)~2023.6.24.(토)	* 지방 시험장 제3회부터 운영 - 수원, 부산, 대구, 대전, 광주
제5회 (장학생 선발 회차)	2023.7.2.(일)	2023.4.24.(월)~2023.7.1.(토)	* 단, 신설된 수원지구는 제5회부터 운영
본시험 수험표 교부		2023.7.4.(화)~2023.7.23.(일)	
제6회 (장학생 선발 회차)	2023.7.9.(일)	2023.4.24.(월)~2023.7.9.(토)	
제7회 (장학생 선발 회차)	2023.7.16.(일)	2023.4.24.(월)~2023.7.15.(토)	
본시험	2023.7.23.(일)		서울 등 9개 지구서 시행

LEETBoost 실전 전국모의고사 시험장소

지구	시험장	수용인원	비고
서울(9개교)	고려대(우당교양관)	500명	
	한국외대(인문과학관)	500명	〈신설〉
	경기고	600명	
	용산고	600명	
	한양공고	600명	
	방이중	500명	
	사당중	500명	〈신설〉
	선린중	500명	
수원	삼일공업고	300명	〈신설〉
부산	동아대(부민-종합강의동)	200명	
대구	계명대(대명-비사관)	200명	
광주	광주공무원경찰학원 (전 광주일비고시학원)	200명	
대전	충남대(공학2호관)	200명	

※ 전년도 시험장 중 5개교 시행불가(중앙대, 삼성고, 선린인터넷고, 용산철도고, 수원청명고)
※ 대구와 광주를 제외한 시험장은 모두 2024학년도 본고사 시험장임.
※ 온라인 접수는 시험 시작 1시간 전, 현장은 매주 토요일 자정 마감.
※ 시험장소는 학교 상황이나 접수 상황에 따라 변경 또는 추가될 수 있음.

LEETBoost 시험시간 및 시험과목

구분	시간	문항 수	비고
수험생 입실완료	08:30까지		09:00부터 건물통제 및 입실불가
1교시 언어이해	09:00 ~ 10:10 (70분)	30문항	5지선다형
휴식	10:10 ~ 10:40 (30분)		
2교시 추리논증	10:45 ~ 12:50 (125분)	40문항	5지선다형
점심	12:50 ~ 13:50 (60분)		
3교시 논 술	14:00 ~ 15:50 (110분)	2문항	서답형, 모범답안과 해설 제공

※ 논술은 제7회(7월16일) 시험에만 시행하며, 논술의 경우 채점을 하지 않고 시험 종료 후 모범답안을 해설과 함께 제공함. 논술은 모두 사례형으로 출제되며 대학의 현직 교수가 출제함.

법률저널 베스트셀러

논리개념 매뉴얼 5.0

LEET 7개년 기출백서

강화약화 매뉴얼 4.0

2023 리트 LEET 전국모의고사 5+2

THE 400제 추리논증 · THE 200제 추리논증 · THE 300제 언어이해

합격생 검수위원이 직접 풀어쓴 PSAT 기출문제 해설집(11개년) · 최근 6개년 헌·언·자·상 PSAT 기출백서

제2교시

2024학년도 법학적성시험 대비 LEETBoost 모의고사(제1회)

추리논증

성 명   수험 번호

《수험생 유의사항》

- 이 문제지는 40문항으로 구성되어 있습니다.
- **시험 시간은 10:45 ~ 12:50(125분)입니다.**
- 문제지에 성명과 수험 번호를 정확하게 기재하십시오.
- 답안지는 반드시 컴퓨터용 사인펜을 사용하여 답을 표기하여야 합니다.
- 교시란은 해당 교시를 정확하게 표기해야 합니다.

《정답공개 및 이의제기 안내》

1. 정답·해설지 배부 및 최종정답 공개
    - 14일 2교시 종료 후 1·2교시 정답 및 해설지 배부
    - 최종정답: 5월 17일(수) 네이버 법률저널 공식 LEET 카페에 공지
2. 이의제기 안내
    - 본 시험 종료 후 네이버 법률저널 공식 LEET 카페(cafe.naver.com/lecleet)에서 '이의제기 신청 게시판'에 양식에 맞춰 제출해 주세요.
    - 이의제기 기간: 5월 15일(월) 오후 5시까지
3. 성적확인 안내
    - 각 영역별 성적통계는 5월 18일(목) 오후 5시 네이버 법률저널 공식 LEET 카페에 공지
    - 개인 성적은 5월 18일(목) 오후 5시 이후 법률저널 홈페이지〉모의고사 신청 배너 클릭〉성적확인 클릭
4. LEETBoost 모의고사 일정
    - 제2회 : 2023.5.28.   제3회 : 2023.6.11.   제4회 : 2023.6.25.
      제5회 : 2023.7.2.   제6회 : 2023.7.9.   제7회 : 2023.7.16.
5. 매회 격려장학금 지급 / 제3회부터 장학생 선발

법률저널

2024학년도 법학적성시험 대비 LEETBoost 모의고사

추리논증

제2교시 　　　　성명 □□□□　수험 번호 □□□□□□　**제1회**

○ 이 문제지는 **40문항**으로 구성되어 있습니다. 문항 수를 확인하십시오.
○ 문제지의 해당란에 성명과 수험 번호를 정확히 쓰십시오.
○ 답안지에 수험 번호, 문형, 성명, 답을 표기할 때에는 반드시 '수험생이 지켜야 할 일'에 따라 표기하십시오.
○ 답안지의 필적확인란에 해당 문구를 정자로 기재하십시오.

---

1. 다음으로부터 추론한 것으로 옳은 것만을 <보기>에서 있는 대로 고른 것은?

> X국의 A법에 따르면 화폐를 포함한 동산이나 부동산을 점유할 권한이 없는 자('무권리자'라 한다.)가 이를 점유하여 그로부터 이익을 얻은 경우에는 그 이익을 점유권자에게 반환해야 한다. 그런데 그 이익의 범위에 대해 다음과 같이 논쟁이 있다.(단, 동산이나 부동산을 소유한 자는 점유권자이고, 돈을 빌려준 자는 그 돈을 점유 한 자이며, 돈을 빌려주는 것은 노동이 아니다.)
>
> 갑: A법에서 반환해야 할 이익의 범위는 자신이 무권리자임을 알았는지의 여부에 의해서 결정된다. 즉 자신이 무권리자임을 몰랐던 자는 동산이나 부동산을 이용하여 얻은 이익을 반환하지 않아도 되지만, 그와 같은 사실을 알았던 자는 동산이나 부동산을 이용하여 얻은 이익을 모두 반환해야 한다.
>
> 을: A법에서 무권리자가 반환해야 하는 이익은 무권리자임을 알았거나 알 수 있었던 경우 동산이나 부동산을 이용하여 얻은 이익의 전부이지만 자신이 무권리자임을 알 수 없었던 자는 그 이익을 반환하지 않아도 된다.
>
> 병: 자신이 무권리자임을 몰랐던 자는 동산이나 부동산을 이용하여 얻은 이익을 반환하지 않아도 된다. 또한 무권리자라고 할 지라도 동산이나 부동산을 이용하는 과정에서 자신의 노동력이나 자금이 투자된 경우에는 그로부터 발생한 이익의 일부만 반환한다.

<보 기>
ㄱ. 점유할 권한이 없는 농지에 배추를 직접 재배하여 1천만 원의 수익을 올린 자는, 병에 따르면 해당 수익을 점유권자에게 전부 줄 필요는 없다.
ㄴ. 몰래 훔친 아버지의 현금 5백만 원을 타인에게 빌려준 후 그 돈에 대한 이자를 지급받은 자는, 갑과 병에 따르면 지급받은 이자를 모두 아버지에게 주어야 한다.
ㄷ. 친구에게 화물차를 빌리는 계약을 체결하고 그에 대한 사용료를 지급하였지만 타인의 화물차를 친구의 화물차로 잘못 알고 그 화물차로 영업을 하여 수익을 올린 자는 갑과 을에 따르면 해당 수익을 점유권자에게 줄 필요가 없다.

① ㄱ　② ㄷ　③ ㄱ, ㄴ
④ ㄴ, ㄷ　⑤ ㄱ, ㄴ, ㄷ

---

2. <주장>에 대한 반대 논거가 될 수 있는 것만을 <보기>에서 있는 대로 고른 것은?(단, 항소법원은 항소인이 항소장을 제출한 이후에 소송기록을 받는다.)

> [A법]
> 제1조 항소법원이 소송기록을 받은 때에는 즉시 항소인에게 소송기록을 통지해야 하고, 통지 전에 변호인의 선임이 있는 때에는 변호인에게도 통지를 해야 한다.
> 제2조 항소인 또는 변호인은 제1조의 통지를 받은 날로부터 20일 이내에 항소이유서를 항소법원에 제출해야 한다.
> 제3조 항소인이나 변호인이 제2조의 기간 내에 항소이유서를 제출하지 않으면 항소를 기각해야 한다.
>
> <주장>
> 항소이유는 항소심 재판이 개시되는 직전의 시점에 제출되더라도 재판을 진행하는 데 지장을 초래하지 않는다. 더구나 항소이유서에 기재되는 항소이유를 작성하기 위해서는 소송기록 열람이나 복사 등을 해야 하기 때문에 현실적으로 제2조의 기간 내에 항소이유서를 작성하는 데 어려움이 많다. 나아가 외국인이 항소를 하는 경우 언어적인 문제로 인해 내국인보다 항소이유서 작성에 더 많은 시간이 필요하다. 그런데도 항소이유서 제출기간 도과만으로 항소권 자체를 박탈하는 것은 재판을 받을 권리를 침해하는 것이다. 또한 변호인이 국선변호인인지 사선변호인인지에 따라 항소이유서를 제출하는 기한이 달라지는 경우가 있다는 점 역시 문제이다. 항소법원이 국선변호인을 선정하고 항소인인 피고인과 국선변호인에게 소송기록을 통지한 다음, 피고인이 사선변호인을 선임함에 따라 국선변호인의 선정을 취소한 경우 항소이유서 제출기간은 해당 사선변호인을 선임한 시점부터 다시 계산되기 때문이다.

<보 기>
ㄱ. A법 제5조에 따라 외국인에게는 A법 제3조가 적용되지 않는다.
ㄴ. 변호인의 항소이유서 제출기간은 A법 제1조의 통지를 최초로 받은 시점부터 계산된다.
ㄷ. 항소이유서 제출을 의무화하지 않는 경우 항소를 하는 사람들이 많아져서 재판에 있어서 매우 중요한 소송의 신속성을 달성할 수 없다.

① ㄱ　② ㄷ　③ ㄱ, ㄴ
④ ㄴ, ㄷ　⑤ ㄱ, ㄴ, ㄷ

추리논증

3. 다음 논쟁에 대한 분석으로 옳은 것만을 <보기>에서 있는 대로 고른 것은?

갑: 수사의 목적은 범죄사실을 밝혀내어 범죄자가 그 행위에 합당한 처벌을 받을 수 있도록 하는 것에 있다. 그러므로 수사기관은 수사대상자(이하 '상대방'이라 한다.)의 법익을 침해하더라도 수사의 목적을 추구하는 데 필요성이 인정된다면 강제력이 동원되지 않고 상대방의 승낙이나 동의를 얻어서 하는 임의수사는 물론 상대방의 승낙이나 동의를 필요로 하지 않는 강제수사를 할 수도 있다.

을: 수사의 목적은 범죄사실을 밝혀내는 데 있지만 그 목적의 달성을 위해서 침해되는 상대방의 기본권은 최소가 되어야 한다. 또한 상대방에 대한 기본권 침해는 대부분 수사기관에서 이루어지고 있는 현실을 고려하면 수사기관 스스로 상대방의 기본권 침해를 예방하는 것은 매우 어렵다. 그러므로 상대방의 동의 없는 강제수사의 경우 수사기관 이외의 기관의 동의나 명령에 의해서만 수사를 할 수 있도록 법률로 규정하여 기본권의 침해를 최소화해야 한다.

병: 수사는 원칙적으로 상대방의 동의나 승낙을 얻어서 진행하는 임의수사에 의하고 임의수사에 의해서는 범죄사실을 밝혀낼 수 없을 경우에만 강제수사를 해야 한다. 그러므로 입법기관에 의해 제정된 법률에 명시된 요건이 충족되지 않으면 강제수사를 할 수 없다. 나아가 수사는 그 필요성과 상당성이 인정되어야 하므로 범죄의 혐의가 없음이 명백하거나 소송조건이 구비될 수 없는 때에는 강제수사는 물론 임의수사도 허용되지 않는다.

―<보 기>―

ㄱ. 을은 상대방에 대한 기본권이 침해되는 정도가 임의수사와 강제수사에서 유사하다는 주장을 받아들이지 않을 것이다.
ㄴ. 강제수사를 할 수 있는 영장을 수사기관에서도 발부할 수 있도록 해야 한다는 법률개정안에 대해 갑과 병은 반대할 것이다.
ㄷ. 법률에 근거하지 않은 강제수사는 할 수 없다는 것에 대해 을과 병은 찬성할 것이다.

① ㄱ ② ㄴ ③ ㄱ, ㄷ
④ ㄴ, ㄷ ⑤ ㄱ, ㄴ, ㄷ

4. 다음으로부터 추론한 것으로 옳은 것만을 <보기>에서 있는 대로 고른 것은?

행정행위란 행정청이 법집행을 하는 행정작용으로서 허가, 인가, 공무원 임용 등이 있다. 여기서 허가란 법령에 의하여 일반적으로 금지되어 있는 행위를 요건을 갖춘 자에 한해서 행정청이 허용하여 적법하게 행할 수 있도록 하는 행정행위인 반면 인가란 어떤 법률행위가 행정청의 동의를 받아야 하도록 법률로서 규정된 경우 그 법률행위에 동의하여 그 행위를 유효하게 만드는 행정행위이다. 행정행위가 유효하게 성립하기 위한 요건을 갖추지 못한 경우를 행정행위에 하자가 있다고 하는데 그 종류로는 무효, 취소, 오류가 있다. 무효인 행정행위란 행정행위의 하자가 내용상 중대하면서 객관적으로 명백한 행정행위이다. 즉 무효인 행정행위는 행정행위의 효과를 발생시키지 못하는 것으로서 행정행위의 효과가 발생하지 않으면 무효인 행정행위가 된다. 이때 행정행위의 효과는 법률에 명시된 요건이 갖춰진 경우에만 발생할 수 있다. 오류인 행정행위란 다른 부분에는 오류가 없으면서 행정행위에 수반되는 서류를 작성하는 과정에서 내용만을 잘못 기재하는 것을 말한다. 그리고 행정행위의 외형이 존재하는 것 중에서 무효나 오류인 행정행위 이외에는 취소인 행정행위로 구분된다. 무효인 행정행위는 처음부터 행정행위가 없었던 것으로 간주되므로 언제, 어디서, 누구인지를 불문하고 그 효력을 주장하지 못하는 반면 취소인 행정행위는 행정청이 직권으로 취소할 수 있거나 행정행위의 상대방(행정행위의 효력이 적용되는 대상자)이 행정청을 대상으로 소송을 하는 경우 취소되며, 취소를 하지 않는 경우 유효한 행정행위가 되어 그 효과가 발생한다. 그리고 오류인 행정행위는 법률에 규정이 없어도 행정청은 언제나 그 오류를 정정할 수 있으며 그 상대방도 특별한 형식이나 절차에 의하지 않고 행정청에 정정을 요구할 수 있다.

―<보 기>―

ㄱ. 적법한 권한을 위임받지 않은 세관소장이 관세를 부과하는 행정행위의 하자가 중대하지만 객관적으로 명백하지 않다면 그 행정행위에 외형이 존재하면서 오류인 행정행위가 아닌 경우 행정청은 해당 행정행위를 직권으로 취소할 수 있다.
ㄴ. 법률상 경찰관으로 임용될 수 없는 결격사유를 가지고 있는 갑이 경찰관으로 임용된 경우 갑은 경찰관의 지위를 박탈당한다.
ㄷ. 행정청이 내용상 하자 없이 적법하게 을의 주택건축을 허가하였지만 그 과정에서 서류상으로 건축되는 건물의 면적을 잘못 기재한 경우 상대방은 잘못 기재된 건물의 면적을 임의로 수정할 수 있다.

① ㄱ ② ㄴ ③ ㄱ, ㄷ
④ ㄴ, ㄷ ⑤ ㄱ, ㄴ, ㄷ

5. [X국 규정]을 <사례>에 적용한 것으로 옳은 것만을 <보기>에서 있는 대로 고른 것은?(단, 제시된 내용만 고려한다.)

[X국 규정]

제1조 ① 피상속인의 상속재산(상속인들에게 상속될 피상속인 재산의 총합으로서 금전 및 보험금을 포함한다.)에 따른 상속세율은 아래의 표와 같다.

과세표준	상속세율
1억 원 이하	과세표준의 10%
1억 원 초과 ~5억 원 이하	1천만 원+(1억 원을 초과하는 금액의 20%)
5억 원 초과 ~10억 원 이하	9천만 원+(5억 원을 초과하는 금액의 30%)
10억 원 초과 ~30억 원 이하	2억 4천만 원+(10억 원을 초과하는 금액의 40%)
30억 원 초과	10억 4천만 원+(30억 원을 초과하는 금액의 50%)

② 상속인이 2인 이상인 경우 각 상속인에게 부과되는 상속세는 제1조 제1항에 따른 상속세에서 각 상속인이 받은 상속재산의 비율을 곱한 금액이다.

제2조 상속세 과세가액은 상속재산의 가액에서 피상속인의 채무(상속 개시일 전 10년 이내에 피상속인이 상속인에게 진 채무와 상속개시일 전 5년 이내에 피상속인이 상속인이 아닌 자에게 진 채무는 제외한다.)를 뺀 후 다음 각 호의 재산가액을 가산한 금액으로 한다.
 1. 상속개시일 전 10년 이내에 피상속인이 상속인에게 증여한 재산가액
 2. 상속개시일 전 5년 이내에 피상속인이 상속인이 아닌 자에게 증여한 재산가액

제3조 상속재산으로 보는 보험금의 가액은 피상속인이 납입한 보험료의 총액을 보험계약상 피상속인이 납입해야 할 보험료의 총액으로 나눈 금액에서 보험계약상 지급되는 보험금을 곱한 금액으로 한다.

<사례>

X국 국민인 갑이 2023년 2월 10일에 사망하였고 해당 시점에 상속이 개시되었다. 갑이 사망할 당시 갑에게는 은행 예금 30억 원, 현금 10억 원, 계약상 20억 원이 지급되는 사망보험금이 있었고, 그 보험금 중 갑이 납입한 보험료는 보험계약에 따라 납입해야 할 금액의 1/2이었다. 갑의 재산은 배우자인 을과 아들인 병만 상속받으며 상속받는 재산은 을이 병보다 두 배 많다.

<보 기>

ㄱ. 갑이 증여를 한 적이 없고 채무를 진 적도 없는 경우 병에게 부과되는 상속세는 6억 원 이상이다.
ㄴ. 갑이 정에게 2015년 1월에 10억 원을 증여한 경우 갑이 채무를 진 적이 없다면 을에게 부과되는 상속세는 16억 원 이상이다.
ㄷ. 갑이 병으로부터 2014년 5월에 10억 원을 빌린 경우 갑이 증여를 한 적이 없다면 을에게 부과되는 상속세는 10억 원 이상이다.

① ㄱ   ② ㄴ   ③ ㄱ, ㄷ
④ ㄴ, ㄷ   ⑤ ㄱ, ㄴ, ㄷ

6. <상황>에 대한 판단으로 옳은 것만을 <보기>에서 있는 대로 고른 것은?(단, 피해자의 생명을 살리는 행위는 피해자의 이익을 위한 것으로 간주한다.)

[규정]

제1조(추정적 승낙) ① 피해자의 승낙이 없지만 행위자가 행위를 할 당시의 객관적 사정을 피해자가 알았다면 해당 행위를 승낙했을 것이라고 추정되는 경우 그 행위는 처벌되지 않는다. 그러나 승낙했을 것이라고 추정되지 않는 경우에는 처벌된다.
 ② 제1조 제1항의 승낙은 피해자로부터 현실적인 승낙을 얻는 것이 불가능한 경우에만 허용된다.

제2조 피해자의 승낙 없이 피해자의 법익을 침해(수술이나 응급조치를 하는 것을 포함한다)하는 자는 처벌된다.

<상황>

갑은 평소에 자신이 혼수상태에 빠지는 경우 아무런 응급조치를 하지 말라는 의사를 지속적으로 밝혔다. 이후 사업에 실패한 ㉠갑은 이를 비관하여 자살을 하기 위해서 옥상에서 뛰어 내렸다. 해당 광경을 모습을 본 의사 을이 중상을 입은 갑을 살리기 위해 수술을 했고, 그 결과 갑의 생명을 살릴 수 있었지만 갑은 혼수상태에 빠졌다. 이후 혼수상태에 있던 갑의 생명이 위험해지자 갑을 살리기 위해서 의사 병이 응급조치를 하였다.

<보 기>

ㄱ. 피해자의 이익을 위한 행위는 피해자가 승낙했을 것이라고 추정해야 한다는 주장은 을의 처벌을 반대하는 논거가 된다.
ㄴ. 현실적인 승낙인지의 여부를 판단하는 시점은 ㉠ 이전이어야 한다는 주장은 병의 처벌을 반대하는 논거가 된다.
ㄷ. 피해자의 실질적인 의사를 기준으로 피해자의 승낙여부를 추정해야 한다는 주장은 을의 처벌을 반대하는 논거가 되고 병의 처벌을 찬성하는 논거가 된다.

① ㄱ   ② ㄷ   ③ ㄱ, ㄴ
④ ㄴ, ㄷ   ⑤ ㄱ, ㄴ, ㄷ

추리논증

7. <견해>에 따라 <사례>에서 갑에게 부과되는 형의 범위로 옳은 것은?

[규정]
제1조 변호사, 변리사, 의사 또는 해당 직에 있던 자가 그 직무 처리 중 알게 된 타인의 비밀을 제3자에게 알린 때에는 3년 이하의 징역에 처한다.
제2조 공무원 또는 공무원이었던 자가 그 직무처리 중 알게 된 타인의 비밀을 제3자에게 알린 때에는 2년 이하의 징역에 처한다.
제3조 비밀주체의 이익을 침해할 의도로 제1조 또는 제2조의 업무상 비밀을 제3자에게 알린 자의 형의 기간 상한은 그 죄의 형의 기간 상한의 2배로 한다.

<견해>
견해 1: 제1조 및 제2조에서의 직무란 비밀주체와 관련된 업무를 개시한 시점부터 모든 업무를 완료한 시점까지의 기간 중에 있었던 모든 행위를 말하며, 어떤 사실이 누설되지 않아도 비밀주체 이외 사람의 신체나 생명에 위해가 가해질 가능성이 없을 때만 제1조 및 제2조에서의 비밀이 된다.
견해 2: 제1조에서의 직무란 비밀주체와 관련된 업무를 처리하는 과정 중에 있었던 모든 행위를 말하고 제2조에서의 직무란 비밀주체와 관련된 업무를 처리하기 시작한 시점부터 모든 업무가 종료된 시점까지의 기간 중에 있었던 모든 행위를 말한다. 비밀 주체가 자신과 관련된 사실이 알려지기를 원하지 않는 경우에만 그 사실은 비밀이 될 수 있다.
견해 A: 어떤 행위가 제1조 및 제2조의 요건을 충족하는 경우 그 행위 즉 죄에 따른 형의 기간 상한은 제1조와 제2조에 규정된 형의 기간 상한을 합친 것으로 보아야 한다.
견해 B: 어떤 행위가 제1조 및 제2조의 요건을 충족하는 경우 둘 중 형의 기간 상한이 높은 것을 해당 행위에 따른 형의 기간 상한으로 보아야 한다.

<사례>
공무원이자 의사인 갑은 2022년 5월 2일부터 같은 해 6월 1일까지 한달 간 을의 주치의였고, 갑은 해당 기간 동안 매일 오전 9시부터 오후 5시까지 을과 관련된 업무를 처리하였다. 갑은 2022년 5월 25일 오후 7시에 병으로부터 을이 타인에게 전염될 수 있는 전염성 질환을 앓고 있다는 사실을 전해 들었고, 을은 이 같은 사실이 알려지는 것을 원하지 않았지만 갑은 을의 이익을 침해할 의도로 같은 날 오후 8시에 이를 제3자에게 알렸다.

① 견해 1과 견해 A에 따르면, 10년 이하의 징역형
② 견해 1과 견해 B에 따르면, 6년 이하의 징역형
③ 견해 2와 견해 A에 따르면, 6년 이하의 징역형
④ 견해 2와 견해 A에 따르면, 10년 이하의 징역형
⑤ 견해 2와 견해 B에 따르면, 4년 이하의 징역형

8. 갑, 을, 병이 언급한 모든 사항을 충족하는 A 조항의 내용으로 가장 적절한 것은?

'횡령'이란 자기가 보관하고 있는 타인 소유의 재물을 빼돌리는 것을 의미한다. 이때 재물의 소재를 알고 있고 그 재물을 다시 찾을 수 있는 자는 그 재물을 점유한 사람으로 간주된다. X국 A조항은 특정한 횡령행위를 처벌하고 있다.(단, 보관하고 있는 물건은 점유하고 있는 물건으로 간주한다.)

갑: 업무상 법인이나 기업대표의 물건을 보관하는 자가 그 물건의 반환을 거부하는 경우에도 횡령으로 보아야 하므로 A조항은 이러한 사람의 횡령행위도 처벌한다.
을: 타인의 재물을 점유한 자가 타인이 그 재물을 점유할 수 없도록 빼돌리는 행위를 통해 그 타인에게 손해를 발생시킨 경우에는 횡령행위라고 볼 수 있다. 그러므로 A조항은 이 같은 횡령행위도 처벌한다.
병: 소유자의 의사에 의하지 않고 우연한 사정으로 그 소유자로부터 점유를 이탈한 재물인 유실물을 습득하여 보관하고 그 유실물을 빼돌리는 행위도 A조항에 따라 처벌된다.

① 타인의 물건을 보관하고 있던 자가 그 물건을 반환 또는 빼돌리는 행위를 하거나 빼돌림으로 인해 손해가 발생한 경우 7년 이하의 징역형에 처한다.
② 타인의 물건을 보관하고 있던 자가 그 물건을 빼돌리거나 반환을 거부함으로 인해 그 타인에게 손해가 발생한 경우 7년 이하의 징역형에 처한다.
③ 업무상 타인의 물건이나 소유자로부터 점유를 이탈한 물건을 보관하고 있는 자가 그 물건을 타인이 점유할 수 없도록 빼돌리거나 반환을 거부하는 경우 7년 이하의 징역형에 처한다.
④ 타인의 재물이나 소유자로부터 점유를 이탈한 재물을 보관하고 있던 자가 그 물건을 빼돌리거나 반환을 거부함으로 인해 그 타인에게 손해를 발생시킨 경우 7년 이하의 징역형에 처한다.
⑤ 타인의 물건이나 소유자가 자신의 토지에 보관하던 물건을 습득하여 보관하던 자가 그 물건을 빼돌림으로 인해 그 타인에게 손해를 발생시킨 경우 7년 이하의 징역형에 처한다.

9. <견해>에 대한 평가로 옳은 것만을 <보기>에서 있는 대로 고른 것은?

[규정]
제1조 ① 식품 제조업자('식품업자'라 한다.)는 기준이 없는 화학적 합성품인 첨가물을 사용할 수 없다.
② 식품업자는 제1항을 준수한 식품만 안전관리인증('인증'이라 한다.)을 받을 수 있고, 인증받은 식품의 구성물이 변경된 경우 그 내용이 제1조 제1항을 준수했을 때만 그 내용을 변경하는 인증('변경인증'이라 한다.)을 받을 수 있다.
제2조 제1조 제2항에 따른 인증의 유효기간은 인증을 받은 날부터 3년으로 하며, 인증을 받지 못하거나 인증이 만료된 식품업자는 식품 제조를 할 수 없다.

<사례>
식품업자 R은 화학적 합성품인 첨가물 X를 사용하여 식품 Y를 제조하였고, Y는 인증을 받았다. R은 추가로 X에 기준이 없는 화학적 합성품이 첨가된 X-1을 사용하여 제조한 Y-1에 대한 변경인증을 하려고 한다. 이 경우 변경인증이 가능한지와 변경인증을 받았다면 그 유효기간은 언제로 할 것인지에 대해 다음의 견해가 대립한다.

<견해>
견해1: 제1조 제1항은 인체에 해로운 물질이 포함된 식품제조를 금지하여 질병으로부터 국민을 보호하려는 취지이다. 그러므로 기준이 없는 화학적 합성품이 포함된 첨가물은 제1조에서의 첨가물에 해당한다. 또한 변경인증은 그 절차가 간소하여 인증절차와 동일한 검증을 받을 수 없으므로 그 유효기간은 기존에 인증을 받은 날부터 3년으로 보아야 한다.
견해2: 제1조 제1항에서의 첨가물의 사용을 금지하는 이유는 특정 물질이 인체에 해를 끼칠 수 있는 수준까지 섭취되는 것을 방지하기 위한 취지이다. 그러므로 기준이나 규격이 정해지지 않은 화학적 합성품이 포함된 첨가물일지라도 그 농도에 따라서 해당 법조항을 준수하였는지의 여부가 결정된다고 보아야 한다. 나아가 변경인증은 새롭게 인증을 받는 것으로 보아야 하기 때문에 그 기간도 변경인증을 받은 날부터 3년이 되어야 한다.

<보 기>
ㄱ. 모든 물질은 인체에 해를 끼치는 것과 동시에 이로운 작용을 하기 때문에 인체에 해로운 물질이더라도 소량만 섭취하는 경우 이로운 작용이 해로운 작용을 상쇄시켜서 인체에 이로움만 가져온다면 견해1은 약화된다.
ㄴ. 변경인증 과정에서는 검증되지 않은 물질의 포함 비율을 정밀하게 조사하므로 변경인증을 받을 수 있는 기준이 인증을 받을 때와 차이가 없다면 견해2는 약화된다.
ㄷ. 인체에 무해한 물질로만 구성된 식품을 제조하는 것은 불가능하다면 견해1과 견해2는 약화된다.

① ㄱ ② ㄷ ③ ㄱ, ㄴ
④ ㄴ, ㄷ ⑤ ㄱ, ㄴ, ㄷ

10. [K국 규정]을 <사례>에 적용한 것으로 옳은 것만을 <보기>에서 있는 대로 고른 것은?

[K국 규정]
제1조 은행이나 금융회사는 다음 각 호에 따른 보험료를 공사에 납부해야 한다.
 1. 은행: 매 분기마다 해당 분기별 예금 평균잔액의 1/5,000
 2. 금융회사: 매해 해당 연도 예금 평균잔액(분기별 예금 평균 잔액의 평균)의 3/5,000
제2조 은행이나 금융회사는 다음 각 호에 따른 기여금을 공사에 매년 납부해야 한다.
 1. 은행: 매년 납부하는 보험료의 1/400(그 금액이 1백만 원보다 적은 경우에는 1백만 원)
 2. 금융회사: 매년 납부하는 보험료의 1/200(그 금액이 5십만 원보다 적은 경우에는 5십만 원)
제3조 ① 은행은 매 분기 종료 후 30일 이내, 금융회사는 사업연도 종료 후인 12월 31일이 지난 시점부터 90일 이내에 각각 보험료를 납부해야 한다.
② 은행이나 금융회사는 제1항에 따른 보험료를 납부하지 않은 경우에는 납부하지 않은 보험료에 대하여 다음 각호의 연체료를 공사에 납부해야 한다.
 1. 은행: 보험료의 납부기한의 다음날부터 납부일까지의 일수×1/5000×납부해야 할 보험료
 2. 금융회사: 보험료의 납부기한의 다음날부터 납부일까지의 일수×1/10000×납부해야 할 보험료

<사례>
A, B, C는 각각 K국 은행이거나 금융회사이다. 이들의 2022년도 분기별 예금 평균잔액은 아래의 표와 같다.(단, 1월, 3월, 5월, 7월, 8월, 10월, 12월은 31일까지 있고, 2월은 28일까지 있으며 4월, 6월, 9월, 11월은 30일까지 있다.)

분기\기관	1분기	2분기	3분기	4분기
A	3900억 원	3600억 원	3300억 원	3100억 원
B	3500억 원	3700억 원	4300억 원	4500억 원
C	5600억 원	6200억 원	5000억 원	5200억 원

<보 기>
ㄱ. A와 B가 은행이면 연간 납부하는 기여금은 B가 A보다 많다.
ㄴ. A가 은행이고 C가 금융회사이면 연간 납부해야 하는 보험료는 A가 C보다 적다.
ㄷ. B가 은행이고 C가 금융회사인 경우 B가 4분기의 보험료를 C가 2022년도의 보험료를 각각 2023년 5월 21일에 납부한 경우 해당 보험료로 인한 연체료는 C가 B보다 많다.

① ㄱ ② ㄴ ③ ㄱ, ㄷ
④ ㄴ, ㄷ ⑤ ㄱ, ㄴ, ㄷ

11. 다음 글에 대한 분석으로 옳은 것만을 <보기>에서 있는 대로 고른 것은?

[X국 저당권 규정]
제1조 ① 저당물의 경매로 인하여 토지와 그 토지에 있는 건물이 다른 소유자에 속한 경우 해당 시점에서의 건물소유자는 토지소유자에게 그 건물에 대한 지상권(타인의 토지를 사용할 수 있는 권리)을 설정해줄 것을 청구할 수 있다.
② 제1항의 청구를 할 수 있는 자의 청구가 있으면 건물소유자는 청구에 따른 지상권을 취득한다.
③ 토지소유자는 제1항의 지상권 설정 청구나 제2항의 지상권 취득을 할 수 없는 자가 소유한 건물을 그 건물소유자에게 철거할 것을 청구할 수 있고, 이 청구가 있는 경우 건물소유자는 건물을 철거해야 한다.
제2조 타인의 토지에 있는 건물을 소유한 자는 그 건물에 대한 지상권을 취득할 때까지 그 토지를 부당하게 점유한 것으로 본다. 이 경우 건물소유자는 부당하게 토지를 점유함으로 인해 발생한 손해를 토지소유자에게 배상해야 한다.

<상황>
A는 토지 X와 X에 있는 건물 Y를 소유하고 있는데 그 중 X에 대해서만 저당권이 설정되었고, 이후 경매로 인하여 X는 B의 소유가 되었다. 이 사건 후에 C가 A로부터 Y에 대한 지상권을 취득하지 않은 상태에서 Y를 매입하여 Y의 소유자가 되자, B는 C에게 Y를 철거할 것을 청구함과 동시에 C가 Y에 대한 지상권을 취득하지 못한 기간 동안 C가 X를 점유함으로 인해 실제로 발생한 손해 1억 원을 배상하라고 요구하였다.

<견해>
견해 1: 경매로 인해 토지와 그 토지에 있는 건물의 소유자가 다르게 된 경우 제1조 제1항의 지상권 설정 청구권은 어떠한 경우에도 타인에게 이전될 수 없다. 또한 특정 토지에 있는 건물이 그 토지에 대한 지상권을 취득한 상태로 매도되어야만 그 건물의 매수자가 해당 지상권을 취득한다.
견해 2: 토지에 있는 건물은 그 토지에 대한 지상권을 취득한 상태로 매도된 경우에만 그 건물의 매수자가 해당 지상권을 취득한다. 다만 경매로 인해 토지소유자와 그 토지에 있는 건물소유자가 다르게 된 경우 제1조 제1항의 지상권 설정청구권은 그 건물소유자로부터 해당 건물을 매입한 자가 대신해서 행사할 수 있다.

─<보 기>─
ㄱ. 견해1에 의하면 C는 Y를 철거해야 한다.
ㄴ. 견해2에 의하면 C는 Y에 대한 지상권을 취득할 수 있다.
ㄷ. 견해1에 의하면 C는 B에게 1억 원을 배상해야 하지만 견해 2에 의하면 배상하지 않아도 된다.

① ㄱ ② ㄷ ③ ㄱ, ㄴ
④ ㄴ, ㄷ ⑤ ㄱ, ㄴ, ㄷ

---

12. [규정]에 따라 <사례>를 판단한 것으로 옳은 것만을 <보기>에서 있는 대로 고른 것은?(단, 생산되거나 알아낸 비밀의 등급은 그 비밀의 생산자나 알아낸 자가 취급할 수 있는 비밀 등급보다 높거나 낮을 수도 있다.)

K국에서는 K국 비밀요원의 보안 업무 수행에 필요한 사항을 다음과 같이 [규정]하였다.

[규정]
제1조(비밀의 구분) 비밀은 공개되지 않은 사실로서 다음 각 호와 같이 3개의 등급으로 구분한다.
1. 1급비밀: 누설될 경우 K국이 다른 국가와 전쟁을 하거나 외교관계가 단절될 수 있는 비밀.
2. 2급비밀: 누설될 경우 K국의 안전보장에 막대한 지장을 끼칠 수 있는 비밀
3. 3급비밀: 누설될 경우 K국의 안전보장에 해를 끼칠 수 있는 비밀
제2조(비밀의 분류 및 취급) ① 특정 등급의 비밀취급 인가를 받은 사람은 인가받은 비밀 및 그 이하 등급 비밀을 분류하거나 취급할 수 있는 권한이 있다.
② 같은 등급 이상의 비밀취급 인가를 받은 사람 중 직속 상급직위에 있는 사람은 그 하급직위에 있는 사람이 분류한 비밀을 조정할 수 있다.
③ 비밀을 생산하거나 타국의 비밀을 알아낸 사람은 그 비밀을 분류할 수 있다.
제3조 비밀의 공개되지 않은 일부 또는 전부는 모사, 타자, 인쇄, 녹음, 촬영 등 그 원형을 재현하는 행위를 할 수 없다. 다만 비밀 생산자의 허가를 받은 경우에는 그렇지 않다.

<사례>
갑, 을, 병, 정은 K국 비밀요원이다. 갑은 Y국에 잠입하여 Y국에 대한 사실 A, B, C를 알아냈고, 을은 최신 무기 D와 E를 개발했다. 한편 A, B, C, D, E는 모두 K국에서 비밀로 취급되고 있고, 갑은 C와 D, 을은 A와 B, 병은 D와 E, 정은 A와 E에 대한 취급을 각각 인가받았다.

─<보 기>─
ㄱ. A가 알려지면 Y국과 Z국 간에 전쟁이 일어날 것이 확실시되더라도 정은 D를 취급하지 못할 수도 있다.
ㄴ. 병이 갑의 직속 상급직위에 있고, C가 D보다 등급이 높다면 병은 갑이 분류한 비밀을 조정할 수 있다.
ㄷ. D를 포함하여 다양한 장치에 사용되는 부품 T를 촬영하기 위해서는 을의 허가를 반드시 받아야 한다.

① ㄱ ② ㄷ ③ ㄱ, ㄴ
④ ㄴ, ㄷ ⑤ ㄱ, ㄴ, ㄷ

13. 다음 논쟁에 대한 분석으로 옳은 것만을 <보기>에서 있는 대로 고른 것은?

> 일반적으로 타인에게 해를 끼치지 않거나 심지어 좋은 행위일지라도 타인의 상황에 따라서 그 행위가 타인에게 해를 끼치기도 한다. 예를 들어 타인에게 음식을 주는 행위는 일반적으로 좋은 행위이지만 건강상의 이유로 금식을 해야 하는 사람인 경우에는 설령 그 사람이 주어진 음식을 먹지 않더라도 음식을 먹고 싶은 욕망을 거부해야 한다는 점에서 고통이 발생하므로 타인에게 해를 끼치는 행위가 된다. 이처럼 일반적으로는 타인에게 좋은 행위이지만 상황에 따라서 타인에게 해를 끼치지 않거나 타인에게 해를 끼칠 수 있는 결과를 초래하는 행위를 L형 행위라고 한다. 타인의 상황을 고려하지 않고 L형 행위를 하는 것이 도덕적으로 그른지를 놓고 갑, 을, 병이 논쟁을 벌였다.
>
> 갑: 어떠한 사람도 타인의 상황을 모두 알 수는 없어. 그리고 상황에 따라서 L형 행위는 타인에게 좋은 결과도 발생시키기 때문에 타인의 상황을 고려하지 않고 L형 행위를 한다고 해서 그것이 도덕적으로 그른 것은 아니야. 다만 타인에게 해를 끼치는 행위는 도덕적으로 허용되지 않으므로 결과적으로 L형 행위를 함으로써 타인이 해를 입은 경우 그에 대한 보상을 해야 할 의무가 발생할 뿐이지.
>
> 을: 도덕은 모든 사람에게 타인에게 해를 끼치는 행위를 하지 말라는 의무를 부여하고 있기 때문에 이와 같은 의무가 지켜지지 않는 상황을 발생시킬 수 있는 행위는 어떠한 경우에도 도덕적으로 허용될 수 없어. 그리고 도덕적으로 허용되지 않는 행위는 도덕적으로 그른 행위이지.
>
> 병: 그건 아니지. 어떤 사람이 수혈을 받지 못하면 죽는 것이 확실시 되는 상황을 가정해봐. 그 사람의 혈액형과 현재 수혈할 수 있는 혈액형이 일치한다고 믿는 상태에서 현재 수혈할 수 있는 혈액으로 수혈을 하는 경우 혈액형이 일치하면 살고 그렇지 않으면 원래보다 일찍 사망해. 이 경우 살 수도 있는 행위를 하는 것이 도덕적으로 옳으므로 수혈을 해야 해. 결국 타인에게 해가 될 수도 있다는 것을 알면서 L형 행위를 한 경우에만 도덕적으로 그르지.

<보 기>
ㄱ. 병에 따를 때보다 을에 따를 때 L형 행위 중 도덕적으로 그른 행위의 범위가 더 넓어진다.
ㄴ. 갑과 병은 치료를 하지 않으면 죽는 것이 확실하고, 치료를 하면 낮은 확률로 살 수도 있거나 더 빨리 죽을 수도 있는 경우 치료를 하는 행위를 도덕적으로 그르지 않다고 판단할 것이다.
ㄷ. 행위 X가 모든 타인에게 위험한 결과만을 초래한다는 것을 알지 못한 상태에서 X를 한 결과 타인이 해를 입은 경우 X가 도덕적으로 그른지에 대해 갑과 병의 판단은 다를 것이다.

① ㄱ   ② ㄴ   ③ ㄱ, ㄷ
④ ㄴ, ㄷ   ⑤ ㄱ, ㄴ, ㄷ

---

14. 다음 대화에 대한 분석으로 옳은 것만을 <보기>에서 있는 대로 고른 것은?

> 갑: 모든 인간은 무언가 크게 이루어 보겠다는 희망, 즉 야망을 가지고 있어. 그리고 이 야망을 부추기는 것은 더 강력한 권력을 가지고 싶어하는 욕망이고 이것은 본능이기 때문에 모든 인간들이 동일한 수준으로 가지고 있지. 이에 따라 권력자는 더 높은 지위에 올라서 더 큰 권력을 가지고 싶어하고, 국가 내에서 더 큰 권력을 가질 수 없는 권력의 정점에 이르게 되면 더 큰 권력을 얻기 위해 자위 수단이나 선한 목적 등과 같은 명분으로 타국을 침략하기도 하지.
>
> 을: 권력을 가지고 싶어하는 욕망은 배움을 통해서 줄이거나 늘릴 수 있기 때문에 모든 사람들에게 동일한 수준으로 존재하는 것은 아니야. 즉 그러한 욕망이 없거나 작은 사람도 있고, 큰 사람도 있지. 그리고 권력에 대한 욕망은 권력에 대한 야망과 비례하고, 가지고 있는 권력이 커질수록 권력에 대한 야망이 커지지. 결국 독재자가 나타나는 것을 막기 위해서는 권력자들의 욕망을 제거해야만 해.
>
> 갑: 권력을 가지고 싶은 욕망이 사람마다 다르게 보이는 이유는 그러한 욕망이 다른 것에 의해서 억제된 상태이기 때문일 뿐 타고난 본성을 늘리거나 줄일 수는 없어. 그리고 인간은 자신과 비슷한 수준의 권력을 가지거나 더 큰 권력을 가진 대상에게는 본능적으로 자신의 욕망을 억제하는 경향이 있으므로 국가의 권력을 가진 자들끼리 서로 견제를 할 수 있는 제도를 갖추는 것만이 독재자의 출현과 전쟁을 막을 수 있어.
>
> 을: 독재자의 출현을 막기 위해서는 국가의 권력을 가진 자들끼리 서로 견제하거나 그들의 욕망을 약화시켜야 해. 그리고 국가의 권력을 가진 자들 간의 견제가 가능해지기 위해서는 그자들의 욕구를 억제시켜야 하지. 그리고 그들이 가진 권력의 크기가 유사한 경우에만 그 권력자들의 욕구가 억제돼. 하지만 이와 같은 권력의 균형은 지속적으로 유지될 수는 없어.

<보 기>
ㄱ. 갑과 을 모두 권력을 통제함으로써 독재자의 출현을 완전히 막을 수 있다는 것에 동의한다.
ㄴ. 인간의 욕망이 독재자가 출현하는 원인이 될 수 있는 지의 여부에 대해 갑과 을의 견해는 같다.
ㄷ. 갑은 권력을 가진 자와 권력을 가지지 않은 자가 동일한 수준의 욕망을 가지고 있다고 주장하지만, 을은 이에 동의하지 않는다.

① ㄱ   ② ㄴ   ③ ㄱ, ㄷ
④ ㄴ, ㄷ   ⑤ ㄱ, ㄴ, ㄷ

15. 다음 논쟁에 대한 분석으로 옳은 것만을 <보기>에서 있는 대로 고른 것은?

> 자연현상을 설명하는 가설 중에는 특정 시대를 지배하는 가설인 지배적 가설이 존재한다. 이제껏 기존의 지배적 가설이 새로운 지배적 가설로 교체되는 과학혁명은 지속적으로 발생해왔다. 이때 과학혁명으로 교체된 가설이 기존의 가설보다 현상의 본질에 더 부합할 때만 과학이 발전한다고 볼 수 있다. 이와 관련하여 다음의 논쟁이 있다.
>
> 갑: 과학혁명은 어떤 가설이 기존의 지배적 가설에 승리를 하는 과정을 통해 발생한다. 그런데 두 가설의 승패는 당시 과학자들이 두 가설 중 어떤 가설을 더 지지하는지에 따라서 결정되고, 과학자들은 두 가설 중에 자신의 연구결과 또는 가설과 더 많이 부합하는 가설을 지지하고 다른 가설을 배척할 수밖에 없다. 즉 과학자들이 대립하는 가설 중 어떤 가설을 지지하는지의 여부는 사실이 아닌 과학자들의 주관적 판단에 의해 결정된다. 이처럼 과학혁명의 승자는 객관적 사실이 아닌 다수결로 결정되므로 과학혁명은 진보라고 할 수 없다.
>
> 을: 과학자들은 가치판단이 아닌 수학이나 논리 등에 기초한 판단을 하기 때문에 가설이 현상과 잘 부합하는지의 여부를 객관적 사실에 따라 결정한다. 그렇기 때문에 두 가설 중에 승자가 결정되었다는 것은 대부분의 과학자가 승자가 된 가설이 그 상대 가설보다 현상에 더 부합한다고 보는 것이다. 즉 모든 과학자들이 수용하는 가설이 승자가 된다는 것이다. 결국 과학혁명에서 진 가설과 관련된 것은 모두 폐기되고 새로운 지배적 가설만 남게 되면서 진보를 이룩한다.

―<보 기>―

ㄱ. 어떤 가설이 현상과 잘 부합하는지의 여부를 판단하는 기준으로 수학이나 논리 이외에 다른 것이 사용될 수 있다는 것에 을은 동의하지 않는다.

ㄴ. 과학자들은 기존의 가설을 대체하려는 목적으로 가설을 세우기 때문에 항상 자신의 가설이 다른 가설보다 현상과 더 잘 부합한다고 생각할 수밖에 없다는 주장은 갑의 견해를 약화한다.

ㄷ. 과학혁명이 일어나기 위해서 필요한 기존의 지배적 가설과 대립하는 새로운 가설을 인정하는 과학자들의 비율은 갑보다 을을 따랐을 때 더 많다.

① ㄱ　　② ㄷ　　③ ㄱ, ㄴ
④ ㄴ, ㄷ　　⑤ ㄱ, ㄴ, ㄷ

16. 다음으로부터 추론한 것으로 옳은 것만을 <보기>에서 있는 대로 고른 것은?

> 기만이란 조작이나 변조 등을 통해서 남을 속이는 것이므로 기만행위를 하는 자("기만자"라 한다.)가 적어도 속이려는 내용을 참 또는 거짓으로 믿고 있어야 한다. 여기서 기만행위란 기만자가 자신이 기만하려는 타인("기만 대상자"라 한다.)에게 하는 진술로서 해당 진술은 기만자가 믿고 있는 것과 달라야 한다. 예를 들어 갑이 명제 P가 참이라고 믿고 있는 상태에서 갑이 을에게 명제 P가 거짓이라고 진술하는 경우 갑이 그 진술을 한 행위는 기만행위가 된다. 이때 기만행위의 내용이 사실과 다르다면 기만행위에 객관성이 결여되어 있으므로 주관적 기만행위가 되고, 사실과 동일하다면 그 기만행위는 객관적 기만행위가 된다.
>
> 그리고 어떤 자가 자신이 믿는 것과 동일한 진술을 타인에게 하는 행위는 기만행위가 될 수 없다. 다만 해당 진술이 사실과 다르다면 진술을 하는 자가 타인으로 하여금 잘못된 사실을 인식하도록 유도했다고 말할 수는 있다. 한편 어떤 자가 타인에게 명제 P를 진술하고, 그 진술을 한 자도 P의 진위여부에 대한 어떠한 믿음도 없는 경우에는 P가 사실과 다를 때만 P를 진술한 것이 기만행위가 된다.(단, 제시된 내용만 고려한다.)

―<보 기>―

ㄱ. 갑이 명제 O가 참이라고 생각한 상태에서 을에게 명제 O가 참 또는 거짓이라고 진술한 경우 O의 진위여부는 갑의 진술이 기만행위인지의 여부에 영향을 주지 않는다.

ㄴ. 명제 T가 참이고 병이 T의 참과 거짓에 대한 아무런 믿음이 없다면 X에게 T가 거짓이라고 진술한 경우 병의 해당 진술행위는 기만행위이다.

ㄷ. 명제 S가 거짓이라면 정이 S가 참인 것으로 믿은 상태에서 Y에게 S가 거짓이라고 진술한 경우 정의 해당 진술행위는 객관적 기만행위가 된다.

① ㄱ　　② ㄷ　　③ ㄱ, ㄴ
④ ㄴ, ㄷ　　⑤ ㄱ, ㄴ, ㄷ

17. 다음 글에 대한 분석으로 옳은 것만을 <보기>에서 있는 대로 고른 것은?

가설 S가 특정 시대의 일반적 가설이 되기 위해서는 그 시대의 사람들 대부분이 S를 받아들여야만 한다. 그런데 어떤 사람이 가설 S를 받아들인다는 것은 그 사람이 가설 S가 참이라고 믿는다는 것을 전제로 하기 때문에 어떤 가설이 특정 시대에 보편적으로 받아들여진다는 것은 그 시대의 사람들 대부분이 해당 가설이 참이라고 믿는다는 것을 의미한다. 이처럼 어떤 가설이 특정 시대에 보편적으로 받아들여지는 것을 가설의 보편화라고 한다. 그리고 대부분의 사람들이 받아들이는 가설이라고 해도 그것이 타당하지 않으면 일반적 가설이 될 수 없다. 여기서 가설이 타당하다는 것은 관찰이나 수학 등의 근거(또는 증거)가 있거나 제시되었다는 것이다. 예를 들어 점쟁이들이 "내일 비가 온다."고 예언한 것을 대부분의 사람들이 받아들이더라도 그것을 뒷받침하는 근거가 없기 때문에 타당하지 않다. 이처럼 어떤 가설이 타당성을 갖는 것을 가설의 타당화라고 한다. 가설의 보편화와 타당화가 이루어졌다면 그 가설은 일반적 가설이 된다. 그런데 일반적 가설이라고 해서 그것이 참임을 보장받지는 못한다. 이에 따라 참인 일반적 가설만이 진정한 가설이고 거짓이면서 보편화와 타당화가 이루어지지 않은 것은 가설이 아니다. 참이면서 보편화와 타당화 중 하나가 이루어지지 않은 가설은 A형 가설, 참이면서 보편화와 타당화가 모두 이루어지지 않은 가설은 B형 가설, 거짓이면서 보편화와 타당화 중 하나가 이루어지지 않은 가설은 C형 가설로 각각 분류된다.

<사례>

14세기 갈릴레이는 망원경으로 천체를 관측한 결과를 증거로 하여 "지구와 행성들이 태양을 원 궤도로 공전한다."는 ㉠가설을 주장하였는데, 이는 "태양과 행성들이 지구를 공전한다."는 ㉡천동설과 모순되는 가설이었다. 이후 15세기에 케플러는 관찰 사실을 수학적 계산으로 풀이한 결과를 증거로 하여 "지구와 행성들이 태양을 타원 궤도로 공전한다."는 ㉢가설을 발표하였다. 14세기와 15세기 사람들 대부분은 천동설이 옳다고 믿고 있었다. 한편 ㉣현재는 케플러의 가설 ㉢이 참이라는 사실을 대부분의 사람들이 받아들이고 있다.

<보 기>

ㄱ. 15세기를 기준으로 ㉠은 A형 가설에 해당한다.
ㄴ. ㉡의 타당화가 이루어진 적이 없다면 14세기를 기준으로 ㉡은 C형 가설에 해당한다.
ㄷ. ㉣을 기준으로 ㉢은 진정한 가설에 해당한다.

① ㄱ ② ㄷ ③ ㄱ, ㄴ
④ ㄴ, ㄷ ⑤ ㄱ, ㄴ, ㄷ

18. 다음 논쟁에 대한 분석으로 옳은 것만을 <보기>에서 있는 대로 고른 것은?

갑: 인간이 추구하는 대부분의 지식은 인간의 이성에 내재되어 있고, 이성은 타고나는 것이므로 인간은 세상을 이해할 수 있는 능력을 타고난다. 즉 인간은 경험 혹은 관찰과는 무관하게 전제를 통해 결론을 도출하는 논리적 추론이나 수학적 분석 등을 통해서 지식을 획득할 수 있다. 예를 들어 "모든 A는 B이다."라는 전제와 "C는 A이다."라는 전제를 통해 "C는 B이다."라는 결론을 내리는 과정이나 "1+1=2"처럼 수학적 원리를 통해 답을 찾는 과정은 경험과는 무관하게 이성에 내재된 지식이다.

을: 어떠한 지식도 경험하지 않고서는 획득할 수 없다. 즉 모든 지식의 습득에는 경험이나 관찰이 필요함과 동시에 이성과는 관련 없는 정보가 포함되어 있다. 예를 들어 설탕이 달다는 것을 누군가가 말해주는데 단맛이 난다는 것은 정의나 원리가 아니라 경험을 통해 달다는 것을 알게 되는 것이다. 결국 경험과 관찰을 통해 세워진 가설이나 이론 중에 입증된 것만이 지식이 된다. 예를 들어 백조를 관찰한 후에 "백조는 흰 색이다."라는 가설을 세운 후 해당 가설이 참임을 검증함으로써 비로소 "백조는 흰 색이다."라는 지식을 획득할 수 있는 것이다.

<보 기>

ㄱ. 갑은 경험을 통해서는 지식을 획득할 수 없다는 것을 전제하고 있다.
ㄴ. 을에 따르면 진위여부가 확실하지 않은 가설은 획득된 지식이라고 볼 수 없다.
ㄷ. 갑은 "지식은 경험을 통해서 얻은 정보들을 이성을 통해서 검증하거나 체계적으로 정리하는 단계를 거쳐야만 획득된다."는 주장을 받아들이지 않을 것이다.

① ㄱ ② ㄴ ③ ㄱ, ㄷ
④ ㄴ, ㄷ ⑤ ㄱ, ㄴ, ㄷ

19. 다음 논증의 구조를 가장 적절하게 분석한 것은?

㉠ 우리는 도덕적 원리에 따라 두 사람을 다르게 대우하는 것이 도덕적으로 정당화되지 않는 한 두 사람을 동등하게 대우해야 한다. ㉡ 원칙적으로 위험에 처한 타인을 목격한 경우 우리는 그 타인을 구조할 도덕적 의무가 있다. 그러나 ㉢ 도덕적 의무일지라도 그 의무를 하지 않는 것을 도덕적으로 비난할 수 없다면 그 의무를 하지 않는 것은 비도덕적인 것이 아니다. ㉣ 어떤 행위를 할 수 없는 경우 그 행위를 하지 않는 것은 어떠한 경우에도 비난할 수 없다. ㉤ 자신의 희생을 요구하는 행위를 하지 않는 것 역시 도덕적 비난의 대상이 아니다. ㉥ 나아가 가족이나 가까운 사람을 희생시키는 것은 자신의 희생을 요구하는 것이다. ㉦ 자신의 자녀와 처음 보는 사람이 동시에 위험에 처하였고 이 중에 한 사람만 구할 수 있는 상황에서 자신의 자녀를 구하는 것은 도덕적으로 비난할 수 없다. ㉧ 도덕적으로 비난할 수 없는 행위는 도덕적으로 정당화될 수 있다. ㉨ 두 사람을 동등하게 대우하지 않는 행위 중에는 도덕적으로 정당화되는 것이 있다. ㉩ 우리는 때때로 두 사람을 서로 다르게 대우할 수도 있다.

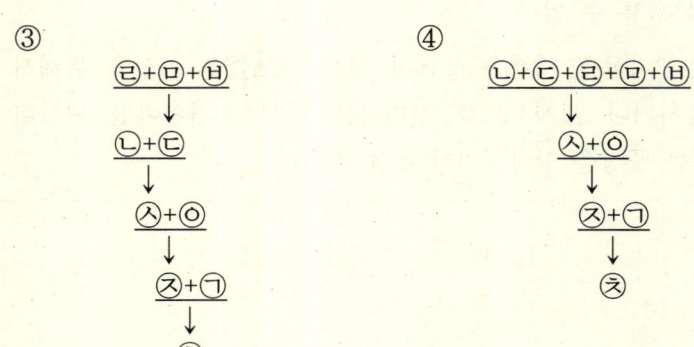

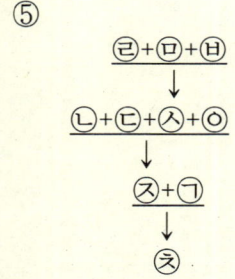

20. 다음 대화에 대한 분석으로 옳은 것만을 <보기>에서 있는 대로 고른 것은?

갑: 어떤 문화를 '관용'한다는 것은 그 문화에 대해 도덕적 판단을 하지 않고 수용하는 것을 말하고, 어떤 문화를 '비관용'한다는 것은 그 문화에 대해 도덕적 판단을 하고 그에 따라 도덕적으로 옳은 것만을 수용하는 것을 말하지. 여기서의 도덕이란 모든 사람에게 옳은 도덕을 말해.

을: 그렇지 않아. 왜냐하면 '관용'이란 어떤 기준에 따른 판단을 배제하고 받아들인다는 의미이고 '비관용'이란 가치관이나 도덕 등과 같은 원칙에 따라 옳은 것만을 수용하는 것이지만 여기서의 도덕이란 각 문화별로 존재하는 상대적인 도덕을 의미하기 때문이지. 예를 들어 X가 문화 Y를 비관용한다는 것은 Y 중에 X의 도덕적 판단에 따를 때 옳은 것만 받아들인다는 것을 의미해.

갑: 어떤 문화에서는 태아의 존재가 산모에게 어떠한 위협도 주지 않는데도 불구하고 낙태하는 것이 그 문화의 도덕적 판단에 따라 옳은 행위로 받아들여지지. 그런데 도덕을 상대적인 것으로 정의한다면 문화에 따라서 이와 같은 행위가 받아들여질 수도 있는데 이는 옳지 않아.

을: 모든 사람이나 모든 상황에서 옳은 원칙은 존재할 수 없어. 가령 "사람을 살해해서는 안 된다."는 원칙을 생각해 봐. 일반적인 상황에서는 이 원칙을 준수하는 것이 옳겠지. 하지만 나 또는 타인이 살기 위해서 어쩔 수 없이 타인을 살해해야 하는 상황에서는 해당 원칙을 준수하지 않는 것이 옳을 수도 있어.

<보 기>

ㄱ. A가 문화 B를 관용하는 경우 A는 도덕적 판단을 적용하지 않고 B를 수용한다는 것에 갑과 을 모두 동의한다.

ㄴ. C가 일정한 조건하에서 낙태 행위를 허용하고 있는 문화 D를 비관용하는 경우 D 중에 C가 받아들이지 않는 행위가 반드시 존재한다는 것에 갑은 동의한다.

ㄷ. "타인을 폭행해서는 안 된다."는 원칙이 옳지 않은 상황이 존재한다는 것에 갑은 동의하지 않지만 을은 동의한다.

① ㄱ   ② ㄴ   ③ ㄱ, ㄷ
④ ㄴ, ㄷ   ⑤ ㄱ, ㄴ, ㄷ

21. 다음 글에 대한 평가로 옳은 것만을 <보기>에서 있는 대로 고른 것은?

모든 인간은 상황에 따라서 정보를 규정하는 사고방식이 달라지는데 이와 관련하여 사고방식이 달라지는 원인이 자신이 처한 상황에 있다고 보는 이론 A와 자신의 관심에 있다고 보는 이론 B가 있다. 즉 A에 따르면 모든 인간은 자신이 어떤 행위를 해야 할 상황에 처한 경우 그 행위 또는 그 행위와 관련된 정보를 규정하는 사고방식이 달라지고, B에 따르면 모든 인간은 자신이 관심을 갖게 되는 대상에 대한 정보를 규정하는 사고방식이 달라진다. 특히 이론 A의 경우 사고방식이 부정적으로 달라진다고 보는 반면, 이론 B의 경우 사고방식이 긍정적으로 달라진다고 본다. 어느 이론이 옳은지를 알아보기 위해 갑은 다음과 같은 <조사>를 진행하였다.

<조사>

집안 사정으로 취업을 해야 할 의무가 있는 사람 100명을 그룹 X로 분류하고 취업을 하지 않아도 되는 사람 100명을 그룹 Y로 분류하였다. 그런 다음 X는 다시 취업에 관심이 있는 사람을 X-1, 취업에 관심이 없는 사람을 X-2로 각각 분류하였고 Y는 다시 취업에 관심이 있는 사람을 Y-1, 취업에 관심이 없는 사람을 Y-2로 각각 분류하였다. 그런 다음 이들 200명에게 각각 ㉠취업하는 것이 쉽다는 정보에 동의하는지의 여부를 물어보았다. 이때 조사 대상자들은 취업을 해야 할 의무나 관심이 발생하기 전에는 취업하는 것이 어렵지도 않고 쉽지도 않다는 사고방식을 가지고 있었다.(단, X와 Y는 무작위로 선정되며 취업하는 것이 쉽다는 정보에 동의하는 것보다 동의하지 않는 것이 더 부정적이다.)

<보 기>

ㄱ. Y-1의 구성원이 ㉠에 대부분 동의하면 B는 강화된다.
ㄴ. X-1의 구성원이 ㉠에 대부분 동의하고 Y-2의 구성원이 ㉠에 대부분 동의하지 않으면 A는 약화된다.
ㄷ. X-2와 Y-2의 구성원 대부분이 ㉠에 동의하지 않는다면 B는 강화된다.

① ㄱ ② ㄷ ③ ㄱ, ㄴ
④ ㄴ, ㄷ ⑤ ㄱ, ㄴ, ㄷ

22. 다음 글에 대한 평가로 옳지 않은 것은?

㉠표상적 의미론에 따르면 한 단어의 의미는 그 단어가 가리키는 지칭체이고 한 문장의 의미는 바로 그 문장의 진리조건이다. 표상적 의미론자에 따르면 인류가 지금까지 여러 분야에서 성공적으로 발전해온 것은 주위 환경에 대한 올바른 표상을 갖고 이를 토대로 행동을 해왔기 때문이다. 인간의 지각적 담론은 소설과 달리 세계와 맞물려 있다. 이런 면에서 표상적 의미론은 직관적으로 호소력이 있다.

그러나 학자 갑은 다음 ㉡논증을 통해 이 이론을 반박하고자 한다. 1887년 마이컬슨-몰리 실험에 의해 그 존재가 반박되기 전까지 물리학자들은 빛을 전달하는 매질을 상정하여 이를 '에테르'라고 불렀다. 표상적 의미론에 따르면 '에테르'의 의미는 '에테르'가 가리키는 지칭체이다. 따라서 '에테르'라는 용어는 지칭하는 대상이 존재하지 않으므로 무의미한 단어인 것이다. 그러나 '에테르'는 "전자기장의 매체로 가상된 매질"이라는 의미가 있다. 이와 같은 사례는 '플로지스톤'과 같이 사장된 과학 용어에서 쉽게 발견할 수 있다. 또한 영화 다크나이트에서 주인공 '브루스 웨인'은 가면을 쓰고 '배트맨'이 되어 도시의 치안을 위해 힘쓴다. 대부분의 시민들은 '브루스 웨인'과 '배트맨'이 같은 인물임을 알지 못한다. 이 경우 ㉢시민들의 개념 체계 내에서 두 단어는 서로 다른 의미를 가진다. 그러나 표상적 의미론에 따르면 동일한 지칭체를 가리키는 단어는 같은 의미를 가져야 하므로 이를 설명할 수 없다. 표상적 의미론을 받아들이면 우리가 사용하는 단어의 의미를 심각하게 제한하는 결과를 가져올 수 있다.

① 신체부위와 기상현상을 지칭하는 '눈'이 서로 다른 단어라는 사실이 ㉠을 약화시키지 않는다.
② 가정에 의해 정의된 단어는 사실상 무의미한 단어와 다름없다는 주장이 옳다면 ㉡은 약화된다.
③ 한 사람의 개념 체계 안에서의 표상의 대상이 곧 지칭체라면 ㉢을 이유로 ㉠은 약화되지 않는다.
④ '플로지스톤'에 대한 연구를 통해 연소과정에 대한 과학 이론이 발전했다면 ㉠은 약화된다.
⑤ 한 사람이 이해하는 단어의 의미가 단어의 진짜 의미와 다를 수 있다면 ㉢은 발생하지 않는다.

23. <견해>에 대한 평가로 옳은 것만을 <보기>에서 있는 대로 고른 것은?

표정이란 의식적 또는 무의식적으로 나타나는 얼굴 생김새의 변화를 의미한다. 표정은 심리적 상태 즉 감정과 밀접한 관련이 있는데 이와 관련하여 다음의 <견해>가 존재한다.

<견해>
견해 1: 표정은 심리 상태에 의해 나타나는 것이므로 표정을 숨기려는 의도를 가지지 않는 한 표정은 감정 상태를 나타낸다. 즉 표정은 심리 상태를 원인으로 하여 나타나는 결과일 뿐이고, 어떤 감정을 가지는 경우 그 감정에 대응되는 표정이 나타난다.
견해 2: 인간은 종종 아무런 감정을 가지지 않았는데도 불구하고, 특정 감정에 대응되는 표정을 짓는다. 그런데 이와 같이 아무런 감정도 없는 상태에서 표정을 짓게 되면 그 표정에 대응되는 감정이 유발된다.
견해 3: 어떤 감정에 대응되는 표정은 유전적으로 타고나는 것이므로 모든 사람에게서 동일하다. 예를 들어 슬픈 표정을 지을 때 얼굴 근육의 상태는 모든 사람이 동일하므로 슬픈 표정은 모든 사람에게서 동일하게 나타난다.

<실험>
서로 어떤 교류도 없었던 A와 B 두 개의 부족 사람들을 각각 50명씩 무작위로 실험 대상자로 선발한 다음 A와 B 각각에서 추가로 25명씩 선발하여 그룹 X로 분류하였고, 추가로 선발되지 않은 50명을 그룹 Y로 분류한 다음 다음의 실험을 진행하였다.
(가) X의 구성원에게는 자신이 즐거울 때 짓는 표정을 짓게 하고, Y의 구성원에게는 자신이 슬플 때 짓는 표정을 짓게 한 후에, 나타나는 감정상태를 확인하였다.
(나) 실험에 참여한 대상자 100명이 상당수의 사람들이 즐겨 먹는 음식 P를 먹을 때의 표정을 확인하였다.

<보 기>
ㄱ. (가)에서 X의 구성원들이 즐거움을 느꼈다면 견해 1은 약화되고 견해 2는 강화된다.
ㄴ. (나)에서 일부 사람들 중 P를 먹을 때의 표정이 다른 사람과 달랐다면 견해 3은 약화된다.
ㄷ. (가)에서 Y의 모든 구성원들이 슬픔을 느낌과 동시에 동일한 표정을 지었다면 견해 2와 견해 3은 강화된다.

① ㄱ ② ㄴ ③ ㄱ, ㄷ
④ ㄴ, ㄷ ⑤ ㄱ, ㄴ, ㄷ

24. 다음으로부터 추론한 것으로 가장 적절한 것은?

우리는 시각이나 청각 등의 감각기관으로부터 감각 정보를 얻고, 그 정보에 용어를 붙인다. '갑'만이 볼 수 있는 대상 K가 가진 색을 갑이 최초로 본 후에 스스로 그 색에 ㉠X색이라는 용어를 붙이는 경우 갑은 추후에 K를 본다면 X색을 가졌다고 말할 것이다. 이때 최초로 어떤 대상을 본 것을 최초 감각이라 하고 이후에 그 대상이라고 생각되는 것을 본 것을 지각 감각이라 한다. 그렇다면 최초 감각에 따라 붙여진 용어를 지각 감각에 사용하는 것이 올바른지의 여부를 확인할 수 있을까? 이와 관련하여 두 견해 A와 B가 있다.

A: 인간은 어떤 대상이 가진 색에 용어를 붙이는 방법을 통해서 색을 객관화시킨다. 예를 들어 사과 P의 색에 빨간색이라는 용어를 붙이는 경우 사람들이 P를 최초로 관찰한 후에 그 색이 빨간색이라는 것을 기억하기 때문에 추후에도 그 색과 동일한 색을 관찰하면 관찰된 색을 빨간색이라고 말할 것이다. 만약 이 과정에서 P에 대한 최초 감각의 기억이 왜곡되어 P와 동일한 색이 아닌 대상을 빨간색이라고 말하는 경우 다른 사람의 기억을 통해 그 용어의 사용이 잘못되었다는 것을 알 수 있다. 하지만 빨간색을 볼 수 있는 사람이 한 명만 존재하는 경우 그 사람이 빨간색이라는 용어를 잘못 사용했더라도 비교할 수 있는 대상이 존재하지 않으므로 용어를 잘못 사용했는지의 여부를 확인할 수 없다. 이처럼 잘못 사용했는지를 알 수 없는 용어는 아무런 의미가 없다.

B: 사람의 감각기관은 사람마다 차이가 있기 때문에 동일한 대상을 보더라도 그 대상에 대한 감각 정보가 동일한 사람은 없다. 예를 들어 우리가 사과를 관찰하더라도 관찰하는 사람에 따라서 그 사과가 빨간색, 약한 빨간색, 진한 빨간색 등의 다른 색으로 관찰될 것이고, 색맹인 사람에게는 아예 색이 없다고 관찰될 것이다. 이는 각각의 사람이 상황에 따라서 동일한 색을 다른 색으로 볼 수도 있다는 것을 말해준다. 결국 색과 관련된 어떤 용어의 사용이 올바른지의 여부는 객관적인 수치나 지표를 이용해서만 확인할 수 있다. 예를 들어 빨간색이란 650~670nm의 파장을 가진 빛의 감각으로 정의함으로써 해당 파장의 빛을 관찰한 후에 빨간색이라고 말하는 경우에만 올바르게 용어를 사용했다고 말할 수 있다. 그리고 올바르게 사용될 수 있는 용어만이 의미가 있다.

<보 기>
ㄱ. A는 ㉠이 의미가 없다고 볼 것이다.
ㄴ. 어떤 대상이 가진 색이 모든 사람들에게 동일한 정보로 관찰되는지의 여부에 대해 A와 B는 견해가 다를 것이다.
ㄷ. 감각 용어를 잘못 사용하는 원인을 A는 어떤 대상에 대한 최초 감각의 기억에서 찾는 반면 B는 어떤 대상에 대한 최초 감각의 기억과 지각 감각에서 찾는다.

① ㄱ ② ㄷ ③ ㄱ, ㄴ
④ ㄴ, ㄷ ⑤ ㄱ, ㄴ, ㄷ

25. 다음 글에 대한 분석으로 옳은 것만을 <보기>에서 있는 대로 고른 것은?

어떤 행위가 좋은 결과와 나쁜 결과를 동시에 가져올 수도 있는데 이 경우 그 행위가 도덕적으로 허용될 수 있는지에 대해 다양한 견해가 존재한다. 먼저 수단을 중시하는 견해에 따르면 어떠한 경우에도 결과는 다른 결과의 수단이 되어서는 안 된다. 예를 들어 어떤 행위로 인해 결과 A가 발생하고 A가 발생하면 B가 발생하는 경우, B를 발생시키기 위해서 A를 발생시키는 것은 B를 발생시키기 위한 수단으로 A를 사용하는 것이다. 그리고 "어떠한 경우에도 결과는 다른 결과의 수단이 되어서는 안 된다."는 요건을 충족하는 행위는 도덕적으로 허용될 수 있다. 의도를 중시하는 견해에 따르면 나쁜 결과를 의도하거나 좋은 결과를 가져오기 위해서 타인에게 해를 끼치거나 법을 어기는 등의 비도덕적인 행위를 하는 것은 허용될 수 없고 그 이외의 행위는 모두 도덕적으로 허용된다고 본다. 결과의 가치를 중시하는 견해에 따르면 어떤 행위로 인해 좋은 결과와 나쁜 결과가 발생하는 경우 좋은 결과는 나쁜 결과보다 더 큰 가치를 가져야만 그 행위가 도덕적으로 허용된다. 예를 들어 절벽 위에 3명이 매달려 있고 아무런 조치를 하지 않으면 이들이 모두 떨어져서 죽는 상황에서 이들 중 한 명을 떨어뜨리면 나머지 두 명이 살지만 두 명을 떨어뜨리면 나머지 한 명이 사는 경우 한 명보다 두 명을 살리는 것이 더 가치가 크기 때문에 ㉠ 두 명을 살리는 행위만 도덕적으로 허용될 수 있다. 한편 위의 세 견해에서의 의도한 행위는 어떤 결과를 발생시키기 위해서 한 행위로 해석한다.

<보 기>
ㄱ. 수단을 중시하는 견해에 따르면 ㉠은 도덕적으로 허용되지 않는다.
ㄴ. 의도를 중시하는 견해에 따르면 타인의 수영장에 빠진 사람을 구하기 위해서 그 수영장을 부수는 행위는 도덕적으로 허용되지 않는다.
ㄷ. 결과의 가치를 중시하는 견해에 따르면 갑이 사용할 수 있는 약으로 한 명을 살릴 수 있거나 죽을 위험이 없는 두 명의 부상자를 치료할 수 있는 경우 갑이 한 명을 살리는 행위를 하는 것은 도덕적으로 허용되지 않는다.

① ㄱ   ② ㄷ   ③ ㄱ, ㄴ
④ ㄴ, ㄷ   ⑤ ㄱ, ㄴ, ㄷ

---

26. 다음으로부터 추론한 것으로 옳은 것만을 <보기>에서 있는 대로 고른 것은?

K국의 대표의원에는 지역구 대표의원('지역의원'이라 한다.)과 전국구 대표의원('전국의원'이라 한다.)이 있다. 지역의원은 의원선거에서 각 지역별로 최다득표를 한 자가 그 지역의 지역의원이 된다. 이에 비해 전국의원은 ㉠ 현행법률에 따르면 각 정당에서 공천된 자 중에서 그 정당에 할당된 전국의원 수만큼 선출된다. 이때 특정 정당에 할당된 전국의원 수는 그 정당의 지지율에서 10을 곱한 값이 되며, 이 값이 소수점일 경우 반올림 한 값이 해당 정당에 할당된 전국의원 수가 된다. 예를 들어 어떤 정당의 지지율이 35%인 경우 그 정당에 할당된 전국의원의 수는 10에서 0.35을 곱한 값인 3.5에서 반올림한 4명이 된다. 전국의원 선출방식을 변경하는 ㉡ 수정법률에 대한 안건이 상정되었는데, 이 수정법률에 따르면 정당에 할당된 전국의원 수를 결정하는 과정에서 정당의 지지율 대신 각 지역구에서 선출된 지역의원의 총 득표율('정당의 득표율'이라 한다.)을 사용하고 나머지는 모두 동일하다. 특정 정당의 득표율은 그 정당의 지역의원들이 선거에서 기록한 득표율을 모두 합한 수를 지역구 수와 100을 곱한 값으로 나눈 것이다. 예를 들어 두 개의 지역구만 존재하고 각 지역에서 특정 정당의 지역의원 후보자가 각각 15%씩 득표를 한 경우 그 정당의 득표율은 15%{(15+15)/(100×2)=0.15}가 된다.

<상황>
K국의 지역구는 X, Y, Z의 세 개만 존재한다. 의원선거에서 갑, 을, 병 세 개의 정당에서 각 지역구의 후보로 선정한 사람과 선거결과 각 사람의 해당 지역구에서의 득표율은 다음과 같다.

지역구 정당	X 후보자	X 득표율	Y 후보자	Y 득표율	Z 후보자	Z 득표율
갑	A	51%	B	12%	C	33%
을	D	?	E	61%	F	32%
병	G	?	H	27%	I	35%

한편 각 정당의 지지율은 갑의 경우 37%, 을의 경우 42%, 병의 경우 15%였다.

<보 기>
ㄱ. ㉠으로 대표의원을 선출하면 K국의 대표의원은 총 13명이다.
ㄴ. 갑의 경우 ㉠보다 ㉡으로 했을 때 더 많은 대표의원을 확보할 수 있다.
ㄷ. ㉡으로 대표의원을 선출하면 을이 병보다 더 많은 대표의원을 확보한다.

① ㄱ   ② ㄷ   ③ ㄱ, ㄴ
④ ㄴ, ㄷ   ⑤ ㄱ, ㄴ, ㄷ

27. 다음 논증에 대한 평가로 옳은 것만을 <보기>에서 있는 대로 고른 것은?

A국은 2010년 이전까지는 B국과의 무역을 통한 경상수지흑자 즉 총 수출액(수출한 금액)에서 총 수입액(수입한 금액)을 제외한 금액이 가장 컸지만 2010년 이후로는 C국과의 무역을 통한 경상수지흑자와 무역규모 모두 가장 컸다. 그런데 2020년 이후부터는 다양한 국제정세에 의해 C국과의 무역규모가 작아지고, 이로 인해 C국에 대한 A국의 경상수지흑자도 작아질 것이라는 주장이 있다. 그 근거는 다음과 같다.

첫째, A국과 C국의 외교적인 마찰로 인하여 A국에 대한 C국의 국민들의 반감이 커지게 되고, 이는 C국 국민들이 A국 재화를 소비하기를 꺼려하는 상황으로 이어진다. 그 결과 A국이 C국으로 수출하는 재화가 줄어들어 C국과의 무역을 통한 경상수지흑자가 작아지는 결과를 가져온다.

둘째, 군사적 마찰이 원인으로 작용하여 B국이 경제적으로 C국을 견제할 것이고 이는 B국에서 수입하는 C국의 재화가 줄어드는 결과를 가져온다. 이는 C국 국민의 소득이 줄어드는 결과로 이어지고 이로 인해 C국 국민들이 A국의 재화를 살 수 있는 여력이 감소함에 따라 C국으로 수출되는 A국의 재화가 감소한다.

셋째, C국이 주변국가들과 군사적 긴장감을 유지함에 따라 국방과 관련된 재화를 이전보다 더 많이 수입할 것이고, 이는 국방과 관련되지 않은 재화를 소비할 여력을 감소시켜서 A국으로부터의 수입액을 포함하여 C국의 총 수입액을 감소시키는 결과를 초래한다.

<보 기>

ㄱ. C국이 수입하는 국방 관련 재화 중 상당부분은 A국의 재화가 차지하고 있다면 이 논증은 약화된다.
ㄴ. A국이 C국으로 수출하는 제품의 대부분이 C국이 D국으로 수출하는 제품에 사용하는 부품이라면, 이 논증은 강화된다.
ㄷ. A국이 C국과의 무역에서 2019년에 수출액과 수입액의 합이 540억 달러이고 이중 수출액이 280억 달러였던 것에 비해 2022년에는 수출액과 수입액의 합이 490억 달러이고 이중 수출액이 260억 달러였다면 이 논증은 강화된다.

① ㄱ   ② ㄴ   ③ ㄱ, ㄷ
④ ㄴ, ㄷ   ⑤ ㄱ, ㄴ, ㄷ

28. 다음 글에 대한 평가로 옳은 것만을 <보기>에서 있는 대로 고른 것은? (단, 제시된 내용만 고려한다.)

근로계약에서 이용되는 성과급은 크게 절대평가에 근거한 성과급과 상대평가에 근거한 성과급으로 나눌 수 있다. 절대평가에 근거한 성과급은 평가의 대상이 되는 지표의 절대적인 수준에 의해 임금을 결정하는 것으로, 매출액과 같은 지표가 올라갈수록 임금 역시 높아지는 것이 대표적인 예시이다. 반면 상대평가에 근거한 성과급은 평가의 대상이 되는 지표의 절대적 수준이 아닌 상대적 수준에 의해 임금을 결정한다는 특징이 있다.

상대적 수준을 반영하는 방식은 상대평가를 활용하는 이유와 관련이 있는데, ㉠ 경기 불황과 같은 공통적인 충격을 제거하고 정확하게 평가하기 위해서 상대평가를 활용하는 기업의 경우 경기에 유사한 영향을 받는 같은 지역 내 다른 회사 근로자들의 성과와 자사 근로자들의 성과를 비교한다. 반면 ㉡ 같은 회사의 노동자 간 경쟁을 도모하기 위해서 활용하는 기업의 경우, 자사 근로자들의 성과를 비교 기준으로 삼아 성과급을 지급한다. 단, 상대평가를 활용하는 모든 기업들은 ㉠이나 ㉡ 둘 중 하나이며, 기업은 상대평가나 절대평가 중 하나만을 반드시 사용한다고 가정하자.

<상황>

X시에는 서로 다른 직영 주유소 a, b, c, d만 존재하며, 이들 각각은 A, B, C, D라는 본사에서 운영하는 직영점이다. 또한 Y시에는 서로 다른 직영 주유소 a', b', c', d'이 존재하고, 이들 역시 각각 A, B, C, D에서 운영하는 직영점이다. 각각의 직영 주유소는 모두 본사의 직원 1명에 의해서 운영되며 이들은 오직 매출액에 근거해 본사로부터 임금을 지급받는다.

<보 기>

ㄱ. 어떤 주유소의 매출액이 높을수록 해당 주유소 직원의 임금이 높아졌다는 조사 결과는 그 주유소의 본사가 ㉡이라는 주장을 강화한다.
ㄴ. a의 매출이 a'보다 높았음에도 a에서 근무하는 직원이 a'에서 근무하는 직원보다 낮은 임금을 받았다는 조사 결과는 A가 ㉠이라는 주장을 강화한다.
ㄷ. B가 ㉡이라면, b의 매출액이 a', c', d'의 매출액의 평균보다 높다면 그 직원의 임금이 b'의 직원의 임금보다 높을 것이다.

① ㄱ   ② ㄴ   ③ ㄱ, ㄷ
④ ㄴ, ㄷ   ⑤ ㄱ, ㄴ, ㄷ

29. 다음으로부터 추론한 것으로 옳은 것만을 <보기>에서 있는 대로 고른 것은?

㉠조직 내 유대감이 ㉡조직 성과에 미치는 영향은 아래의 그림과 같다. 즉, x^*까지는 조직 내 유대감이 올라갈수록 긍정적 분위기의 형성에 따른 업무 효율의 증가로 조직의 성과가 증가하는 반면 그 이후로는 조직 내 감시 체계가 느슨해져 조직의 성과가 감소한다.

조직 내 유대감은 조직 구성원들 각각의 유대감 지수 평균과 일치하고, 구성원들은 ㉠의 극대화를 추구하기에 유대감 지수가 높은 사람이 채용되기를 원한다. 반면, 조직의 채용을 담당하는 경영자 갑은 오직 조직의 성과의 극대화를 추구한다.

올해 조직의 신규 채용을 위해 갑은 채용 후보자들을 선별해 조직 내 구성원들에게 추천한다. 이 때, 신규 채용 이후 변화할 ㉠이 기존과 같거나 높으면 모든 사람들이 채용되고, 작다면 ㉠이 기존보다 작아지지는 않도록 유대감 지수가 높은 사람부터 최소한으로 채용된다.

이를 알고 있는 갑은 어떻게 행동할까? 예를 들어, 기존의 조직 내 유대감이 x_0이라고 하자. 조직의 성과의 극대화를 추구하는 갑은 유대감 지수가 x_0보다 높은 사람들을 추천하고 이들 모두는 채용된다.(단, 갑이 추천할 수 있는 채용 후보자들의 유대감 지수는 x_0, x^*, x_1, x_2, x_3 중 하나이고, 각각의 유대감 지수를 가진 후보자들이 균등하게 존재하며, 갑이 각 후보자들을 추천할 확률은 동일하다.)

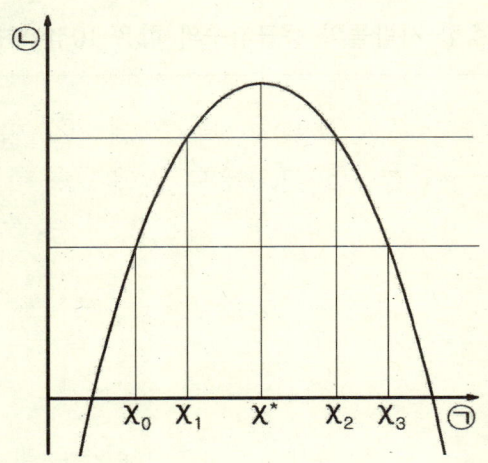

<보 기>

ㄱ. 기존의 조직 내 유대감이 x_2라면, 신규 채용 인원은 0명이다.

ㄴ. 기존의 조직 내 유대감이 x_1일 때, 유대감 지수가 x_2인 사람은 적어도 한 명은 채용된다.

ㄷ. 갑이 오직 구성원 수의 극대화를 추구한다면 기존 조직 내 유대감이 x^*가 아닐 때, 신규 채용 이후 ㉡은 반드시 변화한다.

① ㄱ   ② ㄷ   ③ ㄱ, ㄴ
④ ㄴ, ㄷ   ⑤ ㄱ, ㄴ, ㄷ

30. 다음으로부터 추론한 것으로 옳은 것만을 <보기>에서 있는 대로 고른 것은?

기업은 두 개 이상의 유사 제품이 시장에 출시된 경우 전략적으로 해당 제품 중 하나 이상의 제품에 대한 출시를 철회하여 나머지 제품만을 출시하기도 한다. 이 경우 시장에 출시된 제품들에 대한 소비자들의 만족도를 고려하여 출시할 제품을 선정한다. 이때 제품의 선정에 사용되는 기준으로는 다음 3개의 기준을 생각해 볼 수 있다.(단, 만족도는 가장 낮은 1부터 가장 높은 10까지 있다.)

<기준>

기준 1: 비교되는 제품 중 모든 소비자들의 만족도 평균이 가장 높은 제품을 선정한다.

기준 2: 비교되는 제품 중 각 제품을 주로 소비하는 연령층(주 소비 연령층)의 만족도가 가장 높은 제품을 선정한다.

기준 3: 모든 소비자들의 만족도 평균이 5 이상인 제품 중에서 특정 소비 연령층의 만족도가 가장 높은 제품을 선정한다. 예를 들어 모든 소비자들의 만족도 평균이 각각 5인 두 제품 중 어떤 제품의 20대 소비층에의 만족도가 다른 연령층에 비해 가장 높은 7이고, 다른 한 제품의 30대 소비층에서의 만족도가 다른 연령층에 비해 가장 높은 8일 경우 후자의 제품을 선정한다.

<상황>

K기업에서는 기존의 시장에 출시된 유사 제품 X, Y, Z 중 하나 또는 두 개 제품만을 선정하여 출시하려고 한다. 해당 제품의 소비자들이 대한 각 연령별 만족도는 다음과 같다.(단, 소비 연령층은 A, B, C의 3개 연령층만 있고, A, B, C는 각각 0보다 크다.)

	A	B	C
X	3	5	?
Y	4	?	8
Z	2	7	4

<보 기>

ㄱ. A의 구성인원이 B와 C의 구성인원보다 크다면 기준 3을 적용하는 경우, Z는 선정되지 않는다.

ㄴ. C의 구성인원이 A의 구성인원보다 작고 B의 구성인원이 C의 구성인원보다 두 배 많다면 기준 1과 기준 3을 적용하는 경우, Y와 Z가 모두 선정될 수도 있다.

ㄷ. X와 Y의 주소비 연령층이 A이고 Z의 주소비 연령층이 C라면 기준 1과 기준 2를 적용하는 경우, Y와 Z가 모두 선정된다.

① ㄱ   ② ㄷ   ③ ㄱ, ㄴ
④ ㄴ, ㄷ   ⑤ ㄱ, ㄴ, ㄷ

31. 다음으로부터 추론한 것으로 옳지 않은 것은?

고대 유물 전시회에 있는 전시대 위에 아래의 그림과 같이 왼쪽부터 순서대로 A~F의 유물이 진열되어 있다. 이 유물들에 대해서 다음의 정보가 알려져 있다.

- 동일한 세기에 제작된 유물은 동일한 시점에 제작되었다.
- 유물의 제작시기는 1세기, 2세기, 3세기 중의 하나이고 각 시기별로 한 개 이상의 유물이 있다.
- 유물이 제작된 국가는 X국, Y국, Z국 중 하나이고 각 국가별로 한 개 이상의 유물이 있다.
- 2세기에 제작된 유물은 3세기에 제작된 유물보다 많고 1세기에 제작된 유물보다 적다.
- X국에서 제작된 유물은 Y국에서 제작된 유물보다 많다.
- C는 3세기에 제작되었다.
- A는 F보다 제작시기가 더 오래되었다.
- Z국에서 제작된 B와 D는 동일한 시기에 제작되었다.
- 2세기에 제작된 유물 중 X국에서 제작된 유물은 없다.

| A | B | C | D | E | F |

① A는 X국에서 제작된 유물이다.
② B는 1세기에 제작된 유물이다.
③ C는 Z국에서 제작된 유물이 아니다.
④ E는 1세기에 제작된 유물이다.
⑤ E가 Z국 유물이면 F는 Y국 유물이다.

32. 다음으로부터 추론한 것으로 옳은 것만을 <보기>에서 있는 대로 고른 것은?

K학교 학생 중 헌법학 과목을 수강하는 사람은 A~I로 총 9명이고, 이들 중 A, B, C는 X조, D, E, F는 Y조, G, H, I는 Z조에 각각 속해 있다. 헌법학 시험은 상대평가로 원점수가 가장 높은 사람부터 순서대로 1등급~4등급이 주어지는데, 1등급, 2등급, 4등급은 각각 2명에게 주어지고, 3등급은 3명에게 주어진다. 각 등급별로 주어지는 등급점수는 1등급은 5점, 2등급은 4점, 3등급은 3점, 4등급은 2점이 각각 주어진다. 이와 관련하여 다음의 정보가 있다.

- 원점수가 동일한 사람은 없다.
- 동일한 조에 속한 사람 중에 동일한 등급을 받은 사람은 없다.
- X조에 속한 사람들의 등급점수의 합은 Y조에 속한 사람들의 등급점수합보다 크다.
- D는 1등급을 받았고, G는 2등급을 받았다.
- H는 E보다 등급이 더 높다.
- A와 B의 등급점수합은 7점이다.

<보 기>

ㄱ. I는 4등급을 받았다.
ㄴ. C의 등급점수는 5점이다.
ㄷ. Y에 속한 사람들의 등급점수의 합은 10점이다.

① ㄱ ② ㄷ ③ ㄱ, ㄴ
④ ㄴ, ㄷ ⑤ ㄱ, ㄴ, ㄷ

33. 다음으로부터 추론한 것으로 옳은 것만을 <보기>에서 있는 대로 고른 것은?

> 다음과 같이 1층부터 7층까지 있는 건물 중 5개 층은 갑, 을, 병, 정, 무의 집이고 나머지 2개 층은 비어 있다. 1개의 층에는 한 명의 집만 있다.
>
> | 7층 | 위쪽 |
> | 6층 | |
> | 5층 | |
> | 4층 | |
> | 3층 | |
> | 2층 | |
> | 1층 | 아래쪽 |
>
> 다음 진술 중 네 개는 참이고 한 개는 거짓이다.
>
> 갑: 내 집은 을과 병의 집보다 높다.
> 을: 병과 정의 집은 2층보다 높다.
> 병: 7층이나 5층 중 하나는 비어 있고, 3층은 정의 집이다.
> 정: 6층은 비어 있고, 7층은 무의 집이다.
> 무: 갑과 정의 집은 4층보다 낮다.

<보 기>
ㄱ. 5층은 비어 있다.
ㄴ. 2층은 을의 집이다.
ㄷ. 4층은 병의 집이다.

① ㄱ   ② ㄴ   ③ ㄱ, ㄷ
④ ㄴ, ㄷ ⑤ ㄱ, ㄴ, ㄷ

34. 다음 ㉠, ㉡, ㉢에 들어갈 내용으로 적절한 것을 옳게 짝지은 것은?

> 갑이 목표 Z를 이루기 원하고, 갑이 Z를 이루는 방법에는 X와 Y의 두 가지 방법이 있다고 가정해 보자. 이때 X는 큰 고통을 수반하는 반면, Y는 작은 고통을 수반한다면 갑은 Z를 이루기 위해 "X를 실행하기 전 상황(A)과 X를 실행한 후 상황(B), Y를 실행하기 전 상황(C)과 Y를 실행한 후 상황(D)"의 네 가지 상황 중 하나에 처하게 된다. 이 경우 다음의 (1)~(3)과 같이 갑이 A~D의 상황 중 어느 것을 더 선호할지를 선택하는 기준이 있다.
>
> (1) 고통스러운 기억이 더 짧은 상황을 선호한다.
> (2) 인생 전체 고통의 총량이 적은 상황을 선호한다.
> (3) 더 고통스러운 경험보다는 덜 고통스러운 경험을 기억하는 것을 선호한다.
>
> X의 실행과 Y의 실행이 동일하게 Z를 가져온다고 했을 때 갑은 분명히 D를 선택할 것이다. 하지만 경우에 따라서는 B보다 D가 더 선호될 이유는 없다. 즉 이미 Z를 이루기 위한 조건을 충족했다면 그 과정에 큰 고통을 수반하는지 혹은 작은 고통을 수반하는지는 중요하지 않을 수도 있다. 그러나 위의 선택 기준 중 ㉠ 을 적용하는 경우에는 고통에 대한 기억이 고려되어야 하므로 B보다 D가 더 선호될 수 있다. 그리고 갑이 X와 Y를 실행한 것을 기억하지 못한다고 가정했을 때도 위의 선택 기준 중 ㉡ 을 적용하는 경우에는 여전히 B보다 D가 더 선호될 수 있다. 그런데 이 기준을 적용하면 우리는 B와 C 중에 ㉢ 을 더 선호해야만 한다.

	㉠	㉡	㉢
①	(1)	(2)	B
②	(1)	(2)	C
③	(2)	(1)	C
④	(3)	(2)	B
⑤	(3)	(2)	C

35. 다음 글에 대한 평가로 옳은 것만을 <보기>에서 있는 대로 고른 것은?

> 다음 가설을 검증하기 위해 <실험 1>과 <실험 2>가 이루어졌다.
>
> 가설 1: 사람들은 실제로 발생할 확률이 동일한 사건일지라도 그 사건이 자신에게 일어날 수 있는 사건인 경우에는 그렇지 않은 사건보다 발생할 확률이 더 높다고 생각한다.
>
> 가설 2: 사람들은 어떤 사건이 실제로 일어날 확률보다 그 사건이 일어날 확률이 더 낮다고 생각하고, 그 경향은 해당 사건이 실제로 일어날 확률이 낮아질수록 커진다. 예를 들어 하나의 사건이 발생할 확률과 두 개의 사건이 동시에 발생할 확률이 실제로 동일한 상황에서는 전자보다 후자가 발생할 확률이 더 높다고 생각한다.
>
> <실험 1>
> 100명의 실험 참가자들을 무작위로 선정한 다음 두 명씩 한 조로 편성하고, 각 조원들에게 다음 (1)~(4)의 상황을 준 다음 각 상황에서 자신 또는 자신과 같은 조원에게 1억 원이 주어질 가능성에 대해 질문한다.
>
> (1) 자신과 같은 조원이 1/8의 확률로 빨간색 공이 나오는 상자에서 공을 뽑은 후 빨간색 공이 나오면 그 사람에게 1억 원이 주어지는 상황
>
> (2) (1)과 동일하게 공을 뽑은 후 빨간색 공이 나오면 자신에게 1억 원이 주어지는 상황
>
> (3) 자신과 같은 조원이 1/2의 확률로 빨간색 공이 나오는 3개의 상자에서 각각 공을 뽑은 후 3개의 상자 모두에서 빨간색 공이 나오면 그 사람에게 1억 원이 주어지는 상황
>
> (4) (3)과 동일하게 공을 뽑은 후 3개의 상자 모두에서 빨간색 공이 나오면 자신에게 1억 원이 주어지는 상황

―――――――――― <보 기> ――――――――――
ㄱ. (1)보다 (2)의 확률이 더 높다고 대답한 경우 가설 1은 강화된다.
ㄴ. (1)보다 (4)의 확률이 더 높다고 대답한 경우 가설 1과 가설 2는 강화된다.
ㄷ. (2)보다 (3)의 확률이 더 높다고 대답한 경우 가설 1은 약화되고 가설 2는 강화된다.

① ㄱ   ② ㄷ   ③ ㄱ, ㄴ
④ ㄴ, ㄷ   ⑤ ㄱ, ㄴ, ㄷ

36. ㉠과 ㉡에 대한 평가로 적절한 것만을 <보기>에서 있는 대로 고른 것은?

> 20세기 초에 천문학자들은 구름처럼 보이는 천체를 관측하였는데, 그들은 이를 성운이라고 불렀다. 당시 천문학자들은 우리 은하의 모양이 가운데가 도톰한 원반이라는 것과 그 원반 면과 나란한 방향으로만 성운이 관측되지 않는 금지구역이 있다는 사실을 밝혀냈다. 이 사실에 따라 성운이 또 다른 은하인지 혹은 우리 은하 내부에 있는 천체인지의 여부에 대해 견해의 대립이 발생하였다. ㉠일부 천문학자들의 견해에 따르면 우리가 관측한 성운이 은하라면 은하는 우주에 균일하게 퍼져 있기 때문에 우주의 어느 방향을 보든지 성운들이 관측되어야 한다고 본다. 이들은 가장 규모가 큰 성운 A의 내부에서 관측된 별의 밝기를 분석하였는데 그 결과 지금까지 A 내부에서 관측된 별 중에 가장 밝기가 어두운 별은 A의 밝기의 1만 분의 1에 불과하다는 것을 알아냈다. 그리고 이를 근거로 하여 추측한 A에 포함된 별의 개수로는 A를 은하라고 보기에는 규모가 작으므로 성운은 우리 은하 내부의 별들이 모여 형성된 도톰한 원반의 아래위에 분포하는 우리 은하에 속한 천체에 불과하다고 주장했다.
>
> ㉡또 다른 천문학자들의 견해에 따르면 성운은 우리 은하와 독립된 또 다른 은하이며 금지구역이 존재하는 것은 우리 은하에 있는 수많은 별들과 성간 물질 때문에 멀리 있는 다른 성운들의 빛이 지구에 전달되지 않아서 생긴 것일 뿐이다. 나아가 이들은 멀리 있는 별일수록 우리가 관측할 때의 밝기가 어두워지기 때문에 A 내부에 있는 별이 방출하는 빛의 양을 정확히 확인하는 것은 현재 기술로는 불가능하다고 본다.

―――――――――― <보 기> ――――――――――
ㄱ. 모든 은하는 도톰한 모양의 원반으로만 구성되었다는 주장은 ㉠을 약화한다.
ㄴ. 성운이 균일하게 분포되어 있지 않다는 주장은 ㉠과 ㉡을 강화한다.
ㄷ. 1만 개 미만의 별을 가진 천체도 은하로서의 조건을 갖췄다는 주장은 ㉠을 약화하고 ㉡을 강화한다.

① ㄱ   ② ㄷ   ③ ㄱ, ㄴ
④ ㄴ, ㄷ   ⑤ ㄱ, ㄴ, ㄷ

37. ㉠과 ㉡에 대한 판단으로 옳은 것만을 <보기>에서 있는 대로 고른 것은?

진화론에 따르면 모든 생물종은 변화하는 환경에 적응하도록 형질(개체가 가지고 있는 모양이나 속성)을 발현시키므로 특정 환경에 노출된 종은 그 환경에 적응하는데 유리한 형질만 남는다. 즉 ㉠특정 환경에 처한 어떤 종이 그 환경과 관련된 두 개 이상의 형질이 존재하는 경우 해당 환경에 유리한 형질만 남고 불리한 형질은 사라진다는 것이다. 예를 들어 어떤 생물종에 더위에 유리한 형질 A와 추위에 유리한 형질 B가 존재하는 상태에서 그 생물종이 더운 환경에 노출되면 B는 사라지고 A만 존재하게 된다. 이때 환경에 유리한 형질이란 환경에서 생존하는 데 유리한 형질을 의미한다.

그런데 최근에는 어떤 생물종에서는 그 생물종이 처한 환경의 적응에 불리한데도 불구하고 해당 생물종에 지속적으로 존재하는 형질이 발견되었다. 그리고 후속연구를 통해서 그 형질을 발현하는 유전자가 다른 형질도 발현시키는 것이 확인되었다. 즉 하나의 유전자가 두 개 이상 형질을 발현시키는데 생물학자들은 이와 같은 유전자를 A형 유전자로 정의하였다. 이를 토대로 일부 생물학자들은 ㉡어떤 생물종에 있는 유전자의 존재가 그 생물종이 처한 환경의 적응에 유리한 경우에는 지속적으로 그 종에 존재하게 되고, 불리한 경우에는 사라진다는 가설을 제시하였다.

<보 기>

ㄱ. 자외선에 노출되면 생명이 위태로운 X종에는 자외선을 막아주는 형질을 발현시키는 유전자가 존재하지 않는다면 ㉠과 ㉡은 모두 약화된다.

ㄴ. 더운 지역에 서식하는 Y종의 유전자 중에 더위에 불리한 형질과 더위에 유리한 형질을 모두 발현시키는 유전자가 존재하는 경우 ㉠과 ㉡은 모두 약화된다.

ㄷ. 체중당 표면적이 넓은 개체일수록 추위에 불리한 경우 추운 지역에 서식하는 Z종에서 추위와 관련하여 체중당 표면적이 가장 작은 원 형태의 형질을 발현시키는 유전자만 존재하는 경우 ㉠은 강화되고 ㉡은 약화되지 않는다.

① ㄱ ② ㄷ ③ ㄱ, ㄴ
④ ㄴ, ㄷ ⑤ ㄱ, ㄴ, ㄷ

38. 다음으로부터 추론한 것으로 옳은 것만을 <보기>에서 있는 대로 고른 것은?

동물 T를 구성하는 세포에는 세포막이 존재하고 이를 기준으로 세포내부와 세포외부로 분리된다. 세포막에는 세포 내부와 외부에 걸쳐서 있는 수송기관과 계폐기관이 있는데 이들은 세포 내부와 세포 외부의 이온농도를 조절하는 역할을 한다. 이중 수송기관은 작동을 하는 경우 압력을 가해서 세포 내부에 있는 이온을 세포 밖으로 보내는 것과 동시에 세포 외부에 있는 이온을 세포 안으로 보내는데, 이때 세포 외부로 보내는 이온과 세포 내부로 보내는 이온의 종류는 다르며 단위시간당 이동시키는 두 이온의 양은 동일하다. 그리고 계폐기관이 열린 상태에서는 특정 이온이 세포 외부와 내부로 자유롭게 이동이 가능하지만 닫힌 상태에서는 어떠한 이온도 이동이 불가능하다. 강제로 특정 이온을 이동시키는 수송기관과는 달리 계폐기관은 확산(농도 기울기에 따른 물질의 이동 현상)이라는 물리법칙을 이용하여 이온을 이동시킨다. 즉 세포 내부와 외부 간에 특정 이온의 농도차가 발생하는 경우 그 이온이 세포 내부와 외부로 자유로운 이동이 가능해지면 해당 이온의 농도가 같아질 때까지 이온의 이동이 일어난다. 이때 세포 내부와 외부에 존재하는 이온은 수송기관과 계폐기관을 통해서만 세포 내부와 외부로의 이동이 가능하다.

T의 세포막에는 수송기관 G와 계폐기관 A, B, C가 있고, 세포 내부나 외부에는 양이온 X, Y, Z가 존재한다. G가 작동을 하면 X, Y, Z 중 하나를 세포 안으로 이동시키면서 다른 하나를 세포 밖으로 이동시킨다. 그리고 A, B, C는 각각 X, Y, Z 중 하나만 이동을 시키고 동일한 종류의 이온을 이동시키는 계폐기관은 없다. 이때 세포 내부와 외부 중 전체 양이온의 농도가 높은 쪽은 양전하가 되고, 전체 양이온의 농도가 낮은 쪽은 음전하가 되는데, 세포 내부가 양전하이고 외부가 음전하인 상태를 P상태, 내부가 음전하이고 외부가 양전하인 상태를 Q상태, 내부와 외부의 전체 양이온 농도가 동일한 상태를 R상태라고 한다.

한편 T의 세포막에 있는 G가 작동을 하는 상태에서 A와 B가 열리고 C가 닫힌 경우에는 P상태가 되고, A와 C가 열리고 B가 닫힌 경우에는 R상태가 된다. 이때 G가 작동을 하면 Y를 세포 내부에서 세포 외부로 이동시키고, X는 B로 이동할 수 없다.(단, 양이온이 많은 부분일수록 양이온의 농도가 높아진다고 가정한다.)

<보 기>

ㄱ. Y는 A로 이동할 수 있다.
ㄴ. G는 Z를 이동시키지 않는다.
ㄷ. G가 작동하는 상태에서 A만 닫히면 Q상태가 된다.

① ㄱ ② ㄷ ③ ㄱ, ㄴ
④ ㄴ, ㄷ ⑤ ㄱ, ㄴ, ㄷ

39. <실험>에 대한 평가로 옳은 것만을 <보기>에서 있는 대로 고른 것은?

생물 X의 면역체계 중에는 M세포가 있는데 M세포의 표면에는 세균의 세포벽에 존재하는 내독소(endotoxin)와 결합하는 TLR수용체가 있다. TLR수용체가 내독소와 결합하는 경우에만 M세포가 세균을 인식할 수 있다. X의 체내에서 세균을 죽이는 면역반응이 일어나기 위해서는 단백질 면역조절제('면역조절제'라 한다.)가 활성화되어야 하고, M세포가 세균을 인식함과 동시에 핵인자 카파비('핵인자'라 한다.)가 활성화되어야만 면역조절제가 활성화된다. 한편 인산화효소 K('K'라 한다.)와 효소 B('B'라 한다.)는 각각 핵인자의 활성화나 비활성화 또는 다른 물질의 억제 중 하나에 관여하고, CD수용체는 TLR수용체와 내독소의 결합여부를 결정한다. 이와 관련하여 다음의 <실험>이 진행되었다.

<실험>
CD수용체, K, B 중 하나 이상이 제거된 1번~4번 X에 세균을 주입한 후 면역반응이 일어나는지의 여부를 관찰하였다.

	제거 여부			활성화 여부	
	CD수용체	K	B	핵인자	면역조절제
1번	×	○	○	○	×
2번	○	×	×	○	○
3번	○	○	×	×	×
4번	×	×	○	○	×

<보 기>
ㄱ. K는 핵인자를 활성화하는 역할을 한다.
ㄴ. B는 핵인자를 비활성화하는 역할을 한다.
ㄷ. CD수용체는 TLR수용체와 내독소를 결합하는 역할을 한다.

① ㄱ ② ㄷ ③ ㄱ, ㄴ
④ ㄴ, ㄷ ⑤ ㄱ, ㄴ, ㄷ

40. 다음으로부터 추론한 것으로 옳은 것만을 <보기>에서 있는 대로 고른 것은?

고전역학에 따르면 빛을 포함한 모든 물질의 속도는 상대적이다. 그러므로 속도가 10km/s의 우주선에서 이동방향으로 속도가 30만 km/s인 빛을 방출하는 경우 빛의 속도는 30만 km/s가 된다. 그러나 상대성이론에 따르면 빛의 속도는 관찰자와 상관없이 항상 30만km/s의 속도를 유지하므로 앞선 우주선에서 이동방향으로 빛을 방출해도 그 빛의 속도는 여전히 30만km/s가 된다. 이같은 광속불변의 원칙에 따라 시간은 상대적인 것이라는 결과가 도출된다. 초속 3m로 직선이동하는 우주선 바닥에서 천장을 향해 바닥과 수직한 방향으로 초속 4m의 속도로 공 R을 쏘았다고 가정해 보자. 우주선 안에 있는 사람 X에게는 1초동안 R이 초속 4m를 이동한 것처럼 보인다. 그러나 움직이지 않는 우주선 밖의 사람 Y에게는 1초동안 R이 우주선 천장으로 이동하는 것과 동시에 우주선의 이동방향으로 3m를 이동한다고 관찰되므로 Y에게 R은 밑변이 3m, 높이가 4m인 직각 삼각형의 대각선의 길이에 해당하는 5m만큼 이동한 것으로 관찰된다. 만약 R이 빛이라고 가정했을 때 R의 속도는 관찰자와 상관없이 항상 동일한 속도를 가진다. 그런데 공식 D에 따라 물질이 이동한 거리는 이동한 시간을 이동한 속도로 곱한 값이 되므로 이동한 거리가 틀리다는 것은 결국 이동한 시간이 틀리다는 것을 의미한다. 즉 R이 빛이라고 가정하는 경우 Y의 시간은 D에서 이동한 거리가 5m가 적용되었을 때이고, Y의 입장에서 X의 시간은 D에서 이동한 거리가 4m가 적용되었을 때이다. 그러므로 ㉠정지해 있는 사람의 시간과 ㉡그 사람이 관찰한 움직이는 우주선에서의 시간은 다르게 흘러간다.

<보 기>
ㄱ. ㉠의 시간은 ㉡의 시간보다 더 빠르게 진행된다.
ㄴ. 다른 모든 조건이 동일한 경우 빛의 속도가 빨라질수록 ㉠과 ㉡의 차이는 커진다.
ㄷ. 다른 모든 조건이 동일한 경우 ㉡의 우주선의 속도가 빨라질수록 ㉠과 ㉡의 차이는 작아진다.

① ㄱ ② ㄷ ③ ㄱ, ㄴ
④ ㄴ, ㄷ ⑤ ㄱ, ㄴ, ㄷ

* 확인사항
○ 문제지와 답안지의 해당란에 필요한 내용을 정확하게 표기했는지 확인하십시오

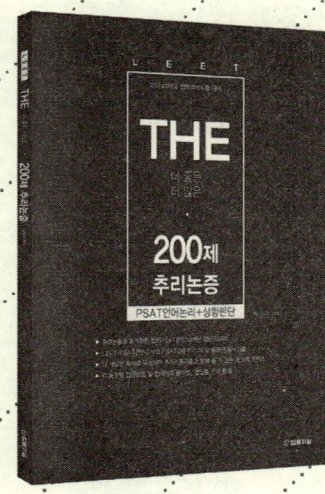

GOAT-LEET에 이어 이제는
LEETBoost 실전 전국모의고사

LEETBoost >>> Your Path to LEET Success!

2024학년도 법률저널 LEETBoost 신청 BIG EVENT

혜택1 7세트 패키지 응시료 할인
- 7세트 패키지 응시료 30% 할인
  580,000원 → 406,000원(30% ↓)
- 제1회(5.14) 현장 응시자에게 '책상 컵홀더 거치대' 증정
  * 취소할 경우 증정품 공제 후 환불/수령 후 반품 불가

신청 기한 : 2023.5.13.(토) 자정까지
※ 회당 응시료 80,000원(온·오프 동일)/
   단, 제7회 100,000원(논술 포함)
   (고물가시대에도 응시자 부담 최소화하기 위해 응시료 동결)

혜택2 6세트 패키지 응시료 할인
- 6세트 패키지 응시료 20% 할인
  500,000원 → 400,000원(20% ↓)

신청 기한 : 2023.5.27.(토) 자정까지

혜택3 장학금회차 패키지 신청 이벤트
- 제3회~제7회(장학생 선발 회차) 5세트 패키지 응시료 5% 할인
  420,000원 → 399,000원(5% ↓)

신청 기한 : 2023.6.10.(토) 자정까지

혜택4 대학 단체 접수 시 응시료 할인
- 응시료 할인은 참여 대학과 협의 후 결정
- 대학 단체는 별도 접수페이지를 통해 접수함
- 대학 단체는 재학생 확인함(학생증 JPG(JEPG) 파일 (파일용량 500kbytes 이하)로 등록)
- 학생증 스캔한 파일은 이름, 학생증 번호, 대학명은 노출하되 얼굴은 가려도 됨

혜택5 유관기관장상 수여
- 장학금 회차 모두 응시한 자 중 성적 우수자 중에서 선발
- 장학금 회차 모두 현장 응시자 대상
- 성적 우수자 중 법률저널에서 심사해 3명을 선발함
- 장학금은 법률저널에서 지급함

혜택6 격려장학금 500만원 쏜다!
- 매회 성적순(표준점수)으로 7명(현장 5명, 온라인 2명) 선발함
  * 단, 제1회(5.14.)는 8명(현장 6명, 온라인 2명) 선발
- 격려장학금은 중복 수상 제한 없음.(매회 수상 가능)
- 면학 및 성적우수 장학금 수상에도 제한 없음
- 동점자가 선발인원 초과 시 추리·언어 표준점수 순으로 선발
- 격려장학금은 매회 각각 100,000원 지급
- 성적 발표 후 개별 통지, 계좌로 입금(제세공과금 법률저널 부담)
※ 격려장학금은 '법조공익재단법인' 사랑샘에서 후원함

▶ 격려장학금 총 5,000,000원

구분	선발인원	시상내용	비고
법조공익재단법인 사랑샘	현장 5명 (제1회 6명) 매회 7명 선발·제1회 8명 온라인 2명	각 10만원	총 50명 선발 5,000,000원

혜택7 총 25,000,000원 장학금 수여!
- 면학 장학금 10,000,000원(8명)
- 성적우수 장학금 15,000,000원(18명)
* 중복 수상일 때 수상자에게 유리한 상 적용
* 면학 및 성적우수, 유관기관장 장학생 선발은 제3~제7회 모두 현장 응시한 시험(논술 제외)의 표준점수로 산정함. 단, 면학 장학생도 성적이 상위 30%의 이내에 들어야 함.
* 모든 장학금 수상자는 로스쿨 최종 합격하면 반드시 합격수기를 제출해야 함.

구분	선발인원	시상내용	
법조공익재단법인 면학 장학생	사랑샘 미래상(1명)	200만 원	총 장학금 25,000,000원
	사랑샘 희망상(2명)	각 150만 원	
	사랑샘 성실상(5명)	각 100만 원	
유관기관장 상	최우수상(1명)	200만 원	
	우수상(2명)	각 150만 원	
법률저널 성적 장학생	인재상(5명)	각 100만 원	
	이룸상(10명)	각 50만 원	

◆ 유관기관장 상의 장학금은 법률저널에서 지급함
※ 면학 및 성적 우수자 모두 대상이 될 때 지원자에게 유리한 하나의 상만 적용

혜택8 온라인 및 결시자에 문제지 무료 배송
- 온라인 및 결시자에 문제지 무료 배송 서비스
- 문제지+해설지+OMR답안지 구성
* 문제 다운로드는 매 시험 시작 1시간 전 가능
* 문제지 배송은 시험 종료 후 매주 월요일 발송
* 문제지 배송 신청은 네이버 카페(https://cafe.naver.com/lecleet)

2024학년도 LEETBoost 실전 전국모의고사 일정

Real LEET의 진수를 느낄 수 있는 실전 전국모의고사!
합격 결정짓는 최고의 우위 전략…이제 선택은 필수!

회차	일정	접수	비고
본시험 접수	2023.5.23.(화) ~ 2023.6.1.(목)		내가 원하는 시험장 선택 (접수시 법률저널 LEET 시험장 선택) · 내 시험장서 실전연습 반복
제1회 (책상컵홀더거치대) 증정	2023.5.14.(일)	2023.4.24.(월) ~2023.5.13.(토)	
제2회	2023.5.28.(일)	2023.4.24.(월) ~2023.5.27.(토)	
제3회 (장학생 선발 회차)	2023.6.11.(일)	2023.4.24.(월) ~2023.6.10.(토)	온·오프 동시 시행
제4회 (장학생 선발 회차)	2023.6.25.(일)	2023.4.24.(월) ~2023.6.24.(토)	· 지방 시험장 제3회부터 운영 - 수원, 부산, 대구, 대전, 광주
제5회 (장학생 선발 회차)	2023.7.2.(일)	2023.4.24.(월) ~2023.7.1.(토)	· 단, 신설된 수원지구는 제5회부터 운영
본시험 수험표 교부		2023.7.4.(화) ~2023.7.23.(일)	
제6회 (장학생 선발 회차)	2023.7.9.(일)	2023.4.24.(월) ~2023.7.9.(토)	
제7회 (장학생 선발 회차)	2023.7.16.(일)	2023.4.24.(월) ~2023.7.15.(토)	
본시험	2023.7.23.(일)		서울 9개 지구서 시행

LEETBoost 실전 전국모의고사 시험장소

지구	시험장	수용인원	비고
서울 (9개교)	고려대(우당교양관)	500명	
	한국외대(인문과학관)	500명	〈신설〉
	경기고	600명	
	용산고	600명	
	한양공고	600명	
	방이중	500명	
	사당중	500명	〈신설〉
	선린중	500명	
수원	삼일공업고	300명	〈신설〉
부산	동아대(부민·종합강의동)	200명	
대구	계명대(대명-비사관)	200명	
광주	광주공무원경찰학원 (전 광주윌비스고시학원)	200명	
대전	충남대(공학2호관)	200명	

※ 전년도 시험장 중 5개교 시행불가(중앙대, 삼성고, 선린인터넷고, 용산철도고, 수원청명고)
※ 대구와 광주를 제외한 시험장은 모두 2024학년도 본고사 시험장임.
※ 온라인 접수는 시험 시작 1시간 전, 현장은 매주 토요일 자정 마감.
※ 시험장소는 학교 상황이나 접수 상황에 따라 변경 또는 추가될 수 있음.

LEETBoost 시험시간 및 시험과목

구분	시간	문항 수	비고
수험생 입실완료	08:30까지		09:00부터 건물통제 및 입실불가
1교시 언어이해	09:00 ~ 10:10 (70분)	30문항	5지선다형
휴식	10:10 ~ 10:40 (30분)		
2교시 추리논증	10:45 ~ 12:50 (125분)	40문항	5지선다형
점심	12:50 ~ 13:50 (60분)		
3교시 논술	14:00 ~ 15:50 (110분)	2문항	서답형, 모범답안과 해설 제공

※ 논술은 제7회(7월16일) 시험에만 시행하며, 논술의 경우 채점을 하지 않고 시험 종료 후 모범답안을 해설과 함께 제공함. 논술은 모두 사례형으로 출제되며 대학의 현직 교수가 출제함.

법률저널 베스트셀러

논리개념 매뉴얼 5.0

강화약화 매뉴얼 4.0

THE 400제 추리논증·THE 200제 추리논증·THE 300제 언어이해

LEET 7개년 기출백서

2023 리트 LEET 전국모의고사 5+2

합격생 검수위원이 직접 풀어쓴 PSAT 기출문제 해설집(11개년)

최근 6개년 헌·언·자·상 PSAT 기출백서

대 학 코 드

코드번호	대 학 명
01	강원대학교
02	건국대학교
03	경북대학교
04	경희대학교
05	고려대학교
06	동아대학교
07	부산대학교
08	서강대학교
09	서울대학교
10	서울시립대학교
11	성균관대학교
12	아주대학교
13	연세대학교
14	영남대학교
15	원광대학교
16	이화여자대학교
17	인하대학교
18	전남대학교
19	전북대학교
20	제주대학교
21	중앙대학교
22	충남대학교
23	충북대학교
24	한국외국어대학교
25	한양대학교
26	기타 대학

답안 작성시 수험생 유의사항

1. 답란은 반드시 컴퓨터용 사인펜을 사용하여야 합니다.

2. 성명란에는 정자체 자필로 기록하기 바랍니다.

3. 수험번호란에는 아라비아 숫자로 기록하고 해당란에 표기해야 합니다.

4. 성적확인용 비밀번호는 숫자 4자리를 임의로 정해 기록한 후 해당란에 표기해야 하며 시험 후 성적확인을 할 때 본인 확인용으로 사용되니 꼭 기억해야 합니다.

5. 수정테이프를 이용하며 답란 수정이 가능합니다.

6. 대학코드는 출신대학 및 지망대학에 공통으로 사용되며 해당코드를 표기해 주시고 해당대학이 없으면 26번 코드를 사용해 주시기 바랍니다.

7. 성별, 연령, 지망대학, 출신대학, 학점, 공인영어성적은 통계로 작성되어 응시생의 대학 지망에 참고 자료로 제공되며 통계 외의 목적으로는 절대 사용되지 않으니 정확하게 표기하여 주시기 바랍니다.

대 학 코 드

코드번호	대 학 명
01	강원대학교
02	건국대학교
03	경북대학교
04	경희대학교
05	고려대학교
06	동아대학교
07	부산대학교
08	서강대학교
09	서울대학교
10	서울시립대학교
11	성균관대학교
12	아주대학교
13	연세대학교
14	영남대학교
15	원광대학교
16	이화여자대학교
17	인하대학교
18	전남대학교
19	전북대학교
20	제주대학교
21	중앙대학교
22	충남대학교
23	충북대학교
24	한국외국어대학교
25	한양대학교
26	기타 대학

답안 작성시 수험생 유의사항

1. 답안은 반드시 컴퓨터용 사인펜을 사용하여야 합니다.

2. 성명란에는 정자체 자필로 기록하기 바랍니다.

3. 수험번호란에는 아라비아 숫자로 기록하고 해당란에 표기해야 합니다.

4. 성적확인용 비밀번호는 숫자 4자리를 임의로 정해 기록한 후 해당란에 표기해야 하며 시험 후 성적확인을 할 때 본인 확인용으로 사용되니 꼭 기억해야 합니다.

5. 수정테이프를 이용하며 답란 수정이 가능합니다.

6. 대학코드는 출신대학 및 지망대학에 공통으로 사용되며 해당코드를 표기해 주시고 해당대학이 없으면 26번 코드를 사용해 주시기 바랍니다.

7. 성별, 연령, 지망대학, 출신대학, 학점, 공인영어성적은 통계로 작성되어 응시생의 대학 지망에 참고 자료로 제공되며 통계 외의 목적으로는 절대 사용되지 않으니 정확하게 표기하여 주시기 바랍니다.

법학적성시험 언어이해 답안지 (1교시)

2024학년도 법학적성시험 대비
LEETBoost

제1회 전국모의고사

언어이해 · 추리논증 해설지

2023. 5. 14. 시행

이의제기 및 성적통계
바로가기

이의제기 안내
- 본 시험 종료 후 네이버 법률저널 공식 LEET 카페(cafe.naver.com/lecleet)에서 '이의제기 신청 게시판'에 양식에 맞춰 제출해 주세요.
- 이의제기 기간: 5월 15일(월) 오후 5시까지

법률저널

2024학년도 법학적성시험 대비 LEETBoost 모의고사(제1회)

제1교시 언어이해 (홀수형)

정답 및 해설

1	②	2	⑤	3	⑤	4	②	5	①
6	⑤	7	⑤	8	①	9	⑤	10	③
11	⑤	12	④	13	②	14	④	15	④
16	⑤	17	②	18	④	19	③	20	④
21	③	22	①	23	②	24	⑤	25	①
26	⑤	27	⑤	28	③	29	④	30	⑤

[1~3] 규범

1. 정답 ②

접근 방법

1. 당사자주의와 직권주의, 적정절차 조항과 피고인의 신속하고 공정한 재판을 받을 권리 및 변호인의 조력을 받을 권리 등 관련 개념을 명확하게 이해하고 내용을 파악하여 선지의 진위 여부를 판단한다.
2. 법 소재 지문에서는 세부적인 용어의 차이로 정/오가 갈리는 경우가 있으니 이에 주의하여 문제를 해결하자.

선택지 해설

① (×) 미국에서 증거개시에 대한 권리는 입법자의 정책적 판단에 맡겨져 있다(2문단 1번째 문장). 따라서 '판례에 의해서만' 인정되고 있다는 선지의 내용은 옳지 않다.
② (○) 우리 현행 형사소송법은 법원의 결정을 이행하지 아니하는 때 증거를 법원에 제출할 수 없다고 규정하고 있는 바(4문단 마지막 문장), 제재수단을 마련하였다고 평가할 수 있다.
③ (×) 법원이 아닌 검사가 증거개시를 일차적으로 거부하거나 제한할 수 있다(4문단 3번째 문장).
④ (×) 미국의 연방대법원은 적정절차 조항을 위반한 것이라고 보았고(2문단 3번째 문장), 우리 헌법재판소는 피고인의 신속하고 공정한 재판을 받을 권리와 변호인의 조력을 받을 권리를 침해하는 것이라고 판시하였다(4문단 4번째 문장).
⑤ (×) 당사자주의가 절차적 정당성을 강조하는 것이라면 직권주의는 실체적 진실발견을 강조하는 것이다(1문단 2번째 문장). 한편 검사가 독점하고 있는 수사기록을 공개하는 것은 사안의 실체적 진실발견을 도모하기 위함인데(3문단 1번째 문장), 이는 직권주의적 요소에 해당한다. 따라서 선지는 '우리 형사소송법상 증거개시제도는 검사가 가지고 있는 증거를 피고인에게 공유함으로써 직권주의적 요소를 갖추었다'고 보는 것이 옳다.

2. 정답 ⑤

접근 방법

본문 내용에 대한 명확한 이해를 바탕으로 선지의 진위 여부를 판단한다. 특히 피의자와 피고인의 구분, 열람·등사 신청과 허가 결정 등과 관련된 구체적인 절차에 유의한다.

선택지 해설

① (×) 미국 연방대법원은 피고인에게 '유리한 증거'에 대해서 증거개시 의무를 인정한다(2문단). 반면 우리나라는 공소제기된 사건에 관한 서류 일반에 관하여 증거개시가 가능하다(3문단 2번째 문장). 따라서 미국의 증거개시 범위가 우리나라의 그것과 같다고 추론할 수 없다.
② (×) 1985년 Bagley 사건에서 연방대법원은, '피고인에게 공개되었다면 사건의 결과가 달랐을 것이라는 합리적 개연성이 인정되면 그 증거자료는 공개대상이 된다'고 판시하였다(2문단 4번째 문장). 이러한 연방대법원의 태도는 절차적 정당성(당사자주의)을 강조한 것이라기보다는 실체적 진실 발견(직권주의)을 강조한 것이다. 따라서 당사자주의보다 직권주의의 영향을 더 받았다고 추론할 수는 있을지언정, 그 반대는 추론할 수 없다.
③ (×) 증거개시제도는 형사절차에서 피의자 또는 피고인이 충분한 방어권을 행사하기 위해 수사기록을 적법하게 확인·획득하게 할 수 있는 제도이다(1문단 3번째 문장). 즉, 피의자 또는 피고인의 '방어권 행사'를 위한 것이므로, 그가 수사기관보다 열악한 지위에 있음을 전제한다. 따라서 용의자가 수사기관보다 우월한 지위에 있다고 전제하는 것은 옳지 않은 추론이다.
④ (×) 수사 단계에서 혐의가 있어 수사받는 자는 피의자이다(1문단 1번째 문장). 그런데 우리나라의 현행법은 증거개시가 가능한 시점을 공소제기 후로 한정하고 있다(4문단 2번째 문장). 검사의 국가배상 책임은 모두 공소제기 후에 증거개시 의무를 다하지 아니한 경우이다(4문단). 따라서 공소제기 전 단계의 피의자의 수사서류 열람·등사 신청에 대해 검사가 설사 거부하였다고 하더라도, 이러한 행위가 국가배상책임을 진다고 판단할 수 없다.
⑤ (○) 현행법은 법원의 결정을 '지체 없이 이행하지 아니하는 때'에는 해당 증거를 법원에 제출할 수 없다고 규정하고 있다(4문단 5번째 문장). 만약 검사가 법원의 결정을 '상당한 시간이 경과한 후' 이행하였다면, 이는 위의 '지체 없이 이행하지 아니하는 때'에 해당하므로, 해당 증거를 법원에 제출할 수 없으므로, 유죄의 증거로 삼을 수 없다고 추론할 수 있다.

3. 정답 ⑤

접근 방법

본문 내용에 대한 이해를 바탕으로 <보기>의 사안을 분석하고, ㉠~㉤에서 각각 강조하는 부분이 무엇인지에 유의하여 선지의 내용을 판단한다.

핵심정보

㉠은 연방대법원이 검사가 피고인에게 유리한 증거를 피고인에게 공개할 의무가 있다고 판시한 Brady 사건(1963년), ㉡은 '유리한 증거'의 범위를 판시한 Bagley 사건(1985년), ㉢은 검사가 알지 못하는 경찰 소유의 유리한 증거 또한 공개의무가 있다고 판시한 Whitley 사건(1995년)이며, ㉣은 검사가 증거로 신청할 것만이 현행법상 증거개시의 대상이 된다고 주장하는 일각, ㉤은 검사가 수사 및 공판과정에서 발견한 피고

인에게 유리한 증거를 법원에 제출할 의무가 있다고 판시한 우리 대법원이다.

> 선택지 해설

ㄱ. (O) ㉠은 피고인에게 유리한 증거를 공개함으로써 형사재판의 공정을 보증할 의무가 있다고 보고, ㉢은 수사 및 공판과정에서 발견한 피고인에게 유리한 증거를 법원에 제출하여야 할 의무가 있다고 본다. <보기>에서 B는 피고인 A에게 유리한 증거인 유전자검사 결과 감정서를 공개 또는 법원에 제출하지 않았다. 따라서 ㉠과 ㉢은 모두 B의 의무 위반 행위를 인정할 것이다.

ㄴ. (O) ㉣은 '검사가 증거로 신청할' 증거만이 증거개시의 대상에 포함된다고 본다. 따라서 <보기>에서 검사가 증거로 신청하지 않은 유전자검사 결과 감정서는 증거개시의 대상이 아니라고 볼 것이다. 반면 ㉡은 '공개되지 아니한 증거가 만약 공개되었다면 사건의 결과가 달랐을 것이'라는 합리적 개연성이 인정되면 증거개시의 대상이 된다고 본다. <보기>에서 감정서 유무에 따라 1심과 2심의 판결이 달라졌다. 따라서 해당 증거는 만약 공개되었다면 사건의 결과가 달랐을 것이라는 합리적 개연성이 인정되므로, 증거개시의 대상이 된다고 본다. 그러므로 ㉣은 ㉡과 달리, <보기>의 유전자검사 결과 감정서가 증거개시의 대상이 되지 않는다고 판단할 것이다.

ㄷ. (O) ㉢은 '검사가 알지 못하는 경찰이 소유한 피고인에게 유리한 증거'에 대해서도 공개 의무가 있다고 판시하였다. 따라서 <보기>의 유전자검사 결과를 설사 B가 몰랐더라도, 해당 감정결과가 이미 경찰관 C에게 송부된 상태이므로, 유전자검사 결과 감정서를 공개할 의무가 있다고 볼 것이다.

[4~6] 인문

4. 정답 ②

> 접근 방법

윌리스의 이론이 본문 전반에서 나오므로, 윌리스가 명시적으로 주장한 내용과 윌리스의 관점에서 수용할 만한 진술을 골라낸다.

> 선택지 해설

① (X) 윌리스는 결정론이 옳은지의 여부는 행위 주체가 이성적 능력을 보유하는지와 직접적 관련이 없다고 본다(5문단).
② (O) 윌리스에 따르면 우리는 의도적 행위를 할 수 있고, 우리 자신과 타인의 많은 행위를 선택이라는 차원에서 설명할 수 있다(5문단).
③ (X) 윌리스는 우리가 반응적 태도를 보인다는 사실을 출발점으로 삼아 도덕적 책임을 묻는 조건을 설명해야 한다고 본다(1문단). 선지는 선후를 잘못 파악했다.
④ (X) 윌리스는 '책임을 물음' 개념을 통해 '책임이 있음' 개념을 설명해야 한다고 본다(1문단). 이는 표준적 설명의 순서를 뒤집은 것이므로, 표준적 설명은 '책임이 있음' 개념을 통해 '책임을 물음' 개념을 설명하는 셈이다. 선지는 이러한 관계를 거꾸로 진술해놓았다.
⑤ (X) 윌리스는 세뇌에 걸려 반성적 자기 통제력이 없는 사람은 면제 조건이 성립하여 도덕적 책임을 물을 수 없다고 본다(5문단). 그러므로 이러한 견해를 옳지 않다고 보지도 않을뿐더러 이러한 견해가 비양립론자의 견해라는 진술도 적절하지 않다. 비양립론자 역시 일반화 전략에서 볼 수 있듯이 세뇌에 걸린 사람에게 도덕적 책임을 물을 수 없다고 볼 개연성이 있기 때문이다.

5. 정답 ①

> 접근 방법

일반화 전략의 특징과 전제가 무엇인지를 확인하면서 선지의 진위를 판별한다.

> 선택지 해설

① (X) 일반화 전략은 결정론이 참임을 보이기 위한 논증 전략이 아니라 결정론이 참이라면 도덕적 책임을 묻는 사회적 실천의 정당성이 논박된다는 점을 보이기 위한 논증 전략이다(2문단). 결정론이 참임을 보이는 것은 별개의 논의 차원이다.
② (O) 일반화 전략은 선택의 자유가 없는 사람에게 책임을 묻는 것은 불공정하다는 전통적 견해를 전제로 받아들인 후 논의를 전개한다(2문단).
③ (O) 일반화 전략은 결정론이 참이라면 한 행위 주체가 달리 행위할 수 있는 능력이 없다고 보아야 하고, 그렇다면 그의 행위에 책임을 묻는 것은 불공정하다는 '대안 부재 원리'를 전제한다(3문단).
④ (O) 달리 행위할 수 있는 능력이 없지만 여전히 책임이 있는 반례가 제시되고 있다(3문단). 이 반례는 도덕적 책임이 달리 행위할 수 있는 능력에 의존하지 않음을 보여주는 사례이다.
⑤ (O) 일반화 전략은 일단 어린이나 사이코패스의 경우처럼 특수한 경우에 책임을 공정하게 물을 수 없다는 사실에서 출발하여, 결정론이 참일 경우 이러한 특수한 경우가 모든 행위 주체에게로 일반화된다는 논지의 전략이다(3문단). 그러므로 일반화 전략은 우선 결정론의 진위와 관계없이 어린이 같은 특수한 경우에 책임을 묻지 않아야 함을 전제한다.

6. 정답 ⑤

> 접근 방법

책임 조건과 비난 조건이 성립하는 경우와 성립하지 않는 경우에 어떤 논리적 귀결이 나오는지를 중심으로 선지를 판별한다.

> 선택지 해설

① (O) 충분히 성장한 성인이어도 특정 수준 미만의 반성적 자기 통제력을 보유한다면 도덕적 책임에서 면제될 수 있다(4문단). 실제로 최면, 세뇌 등의 조건이 충족되는 사례를 생각할 수 있다(5문단).
② (O) 책임 조건이 성립할 때 타당한 변명 사유 없는 행동을 한 사람은 비난 조건이 성립한다. 타당한 변명 사유가 있어야만 변명 조건이 성립하고 비난 조건이 성립하지 않는다.
③ (O) 면제 조건이 성립하면 책임 조건이 성립하지 않는 것이므로, 애초에 도덕적 책임에서 면제된다(4문단). 비난 조건은 책임 조건이 성립한 후에도 그 주체에게 타당한 변명 사유가 있는지를 검토하는 조건이므로, 면제 조건이 성립할 경우 비난 조건의 성립 여부를 검토할 필요가 없다.
④ (O) 책임 조건과 변명 조건이 성립하면 타당한 변명 사유가 있는 것이므로 비난 조건이 성립하지 않는다.
⑤ (X) 책임 조건과 비난 조건은 윌리스가 제시한 조건으로, 두 조건이 모두 충족되면 도덕적 책임을 묻는 것이 공정하다고 할 수 있다(4문단). 그 핵심 논지는 달리 행위할 수 있는 능력이 없어도 두 조건을 모두 충족하면 도덕적 책임을 물을 수 있다는 것이었다. 선지는 이를 잘못 추론한 것이다.

언어이해

[7~9] 생물

7. 정답 ⑤

접근 방법

본문에서 제시된 정보를 정확히 파악하고 본문의 내용과 다른 내용을 설명하는 선지를 선택한다.

선택지 해설

① (○) 산화스트레스 생성에 대한 방어에 SOD, 카탈레이스, 글루타치온 과산화효소 등의 항산화 효소들과 항산화 물질인 비타민 C, E, 요산이 도움이 된다(4문단).
② (○) 대부분의 체세포는 세포분열이 일어날 때마다 말단의 텔로미어 복제가 생략되며 길이가 짧아진다(3문단).
③ (○) 연어는 배란 이후에 사망하도록 예정되어 있다(1문단).
④ (○) 동물 실험에서 단일 유전자를 치환하여 수명을 연장시킨 동물실험으로 노화와 직접 연관된 단일 유전자를 찾을 수 있다(2문단).
⑤ (×) p66shc 유전자는 세포 내 산화스트레스 생성을 유도하며 p66shc 유전자를 억제하여 세포 내 산화스트레스 생성을 억제할 수 있다(4문단).

8. 정답 ①

접근 방법

세포핵 내 DNA 말단부에 위치하는 텔로미어의 특징을 알고, 텔로미어의 기능이나 텔로머라아제와의 관계를 추론해 노화와 관련된 선택지 중 올바른 것으로만 조합된 선지를 찾는다.

선택지 해설

ㄱ. (○) DNA 말단에 위치하는 텔로미어는 세포분열에 따라 길이가 감소하는 특징을 갖고 있다(3문단). 그러나 태어날 당시 개개인마다의 텔로미어 길이를 알 수 없기 때문에 동일인의 나이에 따른 텔로미어로 그 사람의 세포 나이를 비교할 수는 있더라도 두 사람의 나이를 비교할 수는 없다고 보아야 한다.
ㄴ. (×) 텔로미어는 세포핵의 염색체 말단부에 위치하는 특이한 구조임을 알 수 있다(3문단). 그리고 미토콘드리아의 염색체는 세포핵과 별개의 구조이며 원형 구조를 가지고 있음을 알 수 있다(마지막 문단). 그러므로 말단에 위치하는 텔로미어가 있는 세포핵 염색체와 달리 원형구조이며 말단이 없는 미토콘드리아 염색체에는 텔로미어 구조가 존재하지 않을 것임을 추론할 수 있다.
ㄷ. (×) 생식세포와 종양세포의 경우 텔로머라아제의 활성에 의해 일정 길이 이상의 텔로미어를 유지할 수 있다(3문단). 반대로 말하면, 생식세포와 종양세포가 아닌 대부분의 체세포는 텔로머라아제의 활성을 띄지 않는다. 체세포인 지방세포는 텔로머라아제와 무관하게 세포분열이 일어나므로 큰 차이를 보이지 않을 것이다.

9. 정답 ⑤

접근 방법

<보기>에 제시된 세포 내 별개로 작동하는 미토콘드리아만의 특징인 모계유전과 병목현상에 대해 정확히 이해한다. 모계유전과 병목현상으로 인한 미토콘드리아의 특징과 본문에 제시된 미토콘드리아가 노화에 미치는 영향(5문단)을 조합하여 적절하지 않은 선지를 선택한다.

선택지 해설

① (○) 미토콘드리아는 노화의 원인 중 하나로 꼽히는 요인이며(5문단) <보기>에 따르면, 미토콘드리아는 모계를 통해 유전되는 인자이다. 그러므로 다른 요인이 동일하게 유전되는 부모로부터 영향을 비교하면 추가적으로 미토콘드리아가 유전되는 모계로부터의 영향이 크다.
② (○) <보기>에 따르면, 미토콘드리아는 어머니의 난자로부터 전달받는 모계 유전이기 때문에 외할머니로부터 동일한 미토콘드리아를 전달받는 이종사촌 관계는 미토콘드리아 유전체가 동일하다는 사실을 추론할 수 있다.
③ (○) <보기>에서 설명하는 미토콘드리아 병목현상은 미토콘드리아 유전체를 선택적으로 전달하여 결함 있는 미토콘드리아를 배제할 수 있다.
④ (○) 에너지 대사과정 중 산소 라디칼(4문단)이 생산된다는 사실을 통해 과다하게 생산된 산소 라디칼은 미토콘드리아의 DNA을 손상시킬 가능성을 키울 것임을 알 수 있다.
⑤ (×) 세포핵 DNA 중합효소(3문단)'와 미토콘드리아 DNA 중합효소(5문단)'를 통해 세포핵과 미토콘드리아의 DNA 중합효소가 다름을 알 수 있다. 세포핵과 별개의 DNA를 갖는다는 사실과 동물 실험에서 교정기능에 결함이 있는 미토콘드리아 DNA 중합효소를 발현시켰다는 점에서 미토콘드리아의 DNA 중합효소는 본래 교정기능을 갖는다는 사실을 추론할 수 있다.

[10~12] 인문

10. 정답 ③

접근 방법

명백하게 오답인 선지부터 소거하며 정답의 범위를 좁힌다.

선택지 해설

① (×) 수륙재는 한강과 같은 천변뿐 아니라 도성 바깥에서도 개치되었다고는 나오나(2문단), 이것이 도성이 아닌 지방 도시에서도 개최되었다는 근거라고 하기는 어렵다.
② (×) 수륙재는 태조 4년부터 국행으로 치러졌다(1문단). 그러므로 태조가 조선을 건국한 해부터 수륙재가 국행으로 치러졌다는 것은 잘못된 이해이다.
③ (○) 주자학이 기본 강령이 되면서 그에 맞는 예법서를 왕가, 조정 중신, 사대부, 일반 서민에 이르기까지 보급한 노력이 이루어졌다(4문단).
④ (×) 의례에 필요한 장비와 불화가 사찰에서 의식단이 설치된 곳으로 옮겨졌다고는 하나, 의례에 필요한 물자는 종실·척리 등이 곡식과 비단을 낸 것으로 마련하기도 했다(3문단, 명종 20년 기사).
⑤ (×) 글에 언급된 수륙재는 왕실의 후원과 지지에 힘입어 개최된 것이 전부이므로, 그 외에 불교계가 독자적으로 수륙재를 개최했다고 볼 근거는 없다.

11. 정답 ⑤

접근 방법

방은이 상소에서 비판하고자 하는 행태에 주목하면서 선지를 검토한다.

선택지 해설

① (○) 쌀을 강물에 던져 버리는 행태에 대해 하늘이 낸 물건을 마구 천대한다고 부정적으로 평가하고 있다.
② (○) 귀천과 남녀를 논할 것 없이 모두가 모여 드니 관진이 길이 막혀 통하지 못한다고 비판하고 있다.

③ (○) 해당 수륙재는 왕실의 어른인 효령대군이 주도한 의례이기는 하나, 상소에서 속으로는 더러운 행위, 푸른 하늘에 지은 죄 등의 표현에서 알 수 있듯이 법도에 어긋나는 폐단을 비판하고 있다.

④ (○) 겉으로는 수륙재의 모임이라 하겠으나 속으로는 더러운 행위를 이루었다고 비판하고 있다.

⑤ (×) 수륙재에서 천당과 지옥의 고락을 그림 그리는 것은 불교적 세계관을 보여주는 것으로, 유가적 예법을 지키도록 만드는 기능과는 거리가 멀며, 이를 상소에서 순기능으로 본 것도 아니다.

12. 정답 ④

접근 방법

명종 20년 기사와 뒤에 나오는 세종 16년 기사에서 각각 이끌어낼 수 있는 사실에 주목한다.

선택지 해설

① (○) ㉠에 따르면 왕이 사용할 수 있는 임금의 수레 등을 활용한 것을 확인할 수 있다.

② (○) ㉠에 따르면 왕실 사람인 대비가 수륙재의 계율을 따라 목욕재계하고 소식하다가 병환이 났다는 것을 알 수 있다.

③ (○) ㉡에 따르면 남편과 조상의 신주는 낮고 더러운 곳에 두고, 정실에 불상을 걸어 놓는다는 점을 문제 삼고 있는데, 이를 보면 불상을 남편과 조상의 신주보다 귀하게 취급하는 것은 유교적 예법에 반한다는 점을 알 수 있다.

④ (×) ㉡이 자발적으로 불교적 관습을 따랐다고 볼 여지는 있으나, ㉠에 나오는 참가자들이 강제적으로 의례에 참가했다고 볼 근거는 없다.

⑤ (○) ㉠에서는 의례의 진행 방식이 유교적 예법에 맞지 않는다는 점이 문제가 되고, ㉡에서는 상례가 유교적 예법을 따르지 않는다는 점이 문제가 된다.

[13~15] 사회

13. 정답 ②

접근 방법

글의 내용으로부터 '편견에 기초한 차별 이론'과 '통계적 차별 이론'을 정확하게 이해해야 한다.

선택지 해설

① (○) '통계적 차별 이론'에 따르면, 고용차별은 '정보의 불균형이라는 불확실성 하에서 행위자들의 합리적 선택으로 인해 시장 내에서 구조적으로 발생하는' 것이다(4문단).

② (×) '통계적 차별 이론'에 따르면, 사용자는 해당 정보의 진위를 가려내고 필요한 노동자를 선별하는 '스크리닝'을 한다. '시그널링'은 노동자가 자신에 대한 정보를 알리기 위해 활용하는 수단이다(3문단).

③ (○) 경제학에서 말하는 차별 개념에 따르면, 성별이나 인종과 같은 대표적 차별금지 지표를 기준으로 할 때 동일한 지표를 지닌 동일집단에 속한 사람들 사이에서도 얼마든지 차별이 발생할 여지가 있게 된다(1문단).

④ (○) '편견에 기초한 차별 이론'은 고용차별이 고용 판단의 상황에서 비합리적 선호라는 시장 외부적 요소'가 반영되기 때문에 발생한다고 주장한다(2문단).

⑤ (○) '통계적 차별 이론'은 비효율적인 비용구조가 정보의 불균형이라는 불확실성 하에서 행위자들의 합리적 선택으로 인해 시장 내에서 구조적으로 발생하는' 것으로 파악함으로써(4문단), 비효율적인 비용구조를 유지하는 기업문화가 장기간 존속할 수 있는 이유를 설명한다.

14. 정답 ④

접근 방법

글의 내용으로부터 각 차별이론을 정확하게 이해한 뒤, 이를 바탕으로 적절한 추론을 찾아낼 수 있어야 한다.

선택지 해설

① (×) 고객이 차별하는 기업을 싫어하더라도 고용주, 동료의 편견에 기초한 차별이 발생할 수 있으며(2문단) 통계적 차별 역시 발생할 수 있다(3문단).

② (×) 차별하려는 의도가 없어도 통계적 차별은 발생할 수 있다(4문단).

③ (×) 경영자가 편견 없는 사람이라고 하더라도 동료와 고객의 편견에 기초한 차별이 발생할 수 있으며(2문단), 통계적 차별 역시 발생할 수 있다(3문단).

④ (○) 통계적 차별이 발생하는 원인은 불확실성에 있으므로, 불확실성이 사라지면 통계적 차별이 발생하지 않는다고 추측할 수 있다(3문단).

⑤ (×) 통계적 차별은 정보의 불균형과 거래비용을 감안하는 행위자들의 합리적 선택으로 인해 시장 내에서 구조적으로 발생하는바, 모든 행위자가 합리적이어도 차별이 발생할 수 있다(4문단).

15. 정답 ④

접근 방법

<보기>에서는 고용차별에 대한 해결방안 중 하나로서 블라인드 채용제도가 제시되어 있다. 해결방안을 글에서 살펴본 각 차별 이론의 내용과 연계하여 이해할 수 있어야 한다.

선택지 해설

① (×) 불확실성 하에 놓인 사용자는 인재 식별을 위해 정보를 활용하여 스크리닝을 한다. <보기>에 따르면 블라인드 채용제도는 일부 정보의 활용에 제약을 가하므로, 불확실성 하에 놓인 사용자는 이 제도를 환영하지 않을 것이다.

② (×) <보기>에 따르면 블라인드 채용제도는 기본적 발상이 주로 '편견에 기초한 차별 이론'에 바탕을 두고 있는 것이다.

③ (×) 시장 내에서 구조적으로 발생하는 고용차별은 통계적 차별이다. <보기>에 따르면 블라인드 채용의 목적은 편견에 기초한 차별을 완화하는 데에 있으므로 블라인드 채용제도가 통계적 차별을 완화한다고 보기 어렵다.

④ (○) <보기>에 따르면 차별에 활용할 정보와 스크리닝을 위한 정보가 일부 중첩된다. 따라서 사용자가 인재 식별을 위해 더 많은 비용을 지출하게 될 수 있을 것이다.

⑤ (×) 블라인드 채용제도가 유효하다면 편견에 기초한 차별이 완화될 것이다. 그러나 <보기>에 따르면 이 제도로 인해 시그널링 차단, 정보 흐름의 왜곡 등의 부작용이 발생할 수 있다. 이 경우 노동시장의 효율성 역시 개선되지 않을 수 있다.

[16~18] 문학

16. 정답 ⑤

접근 방법

본문에 명확하게 언급된 선지를 소거하는 식으로 접근한다.

선택지 해설

① (○) 김영석은 「화식병」에서 북한의 한국전쟁 소재 서사의 전형을 그대로 이용했지만, 주인공에게 전투병이나 기계수가 아닌 화식병의 직무를 부여함으로써 자신만의 개성을 만들어냈다(5문단).
② (○) 전쟁을 문학적으로 형상화한 북한문학에서는 자발적으로 전투의 최전선에 서는 영웅적 군대를 내세우는 등의 전형적인 서사 구조가 반복된다(1문단).
③ (○) 김만선의 「사냥꾼」은 미군의 공중 폭격에 대항하는 인민군을 묘사한다(3문단). 그중 '김의성'은 영웅적 활약을 보여주는 인물로써, 북한의 적으로 북한에 큰 피해를 야기한 미군에 대한 부정적 감정을 고취시키는 용도로도 활용된다(2문단).
④ (○) 김만선의 「사냥꾼」은 물량에서 오는 전력의 차이를 인간의 의지로 극복해야 했던 한국전쟁기 북한의 상황을 반영해(2문단), 지상에서 병력을 동원해야만 하는 아군의 불리한 정황을 묘사한다(3문단).
⑤ (×) 한국전쟁기 북한문학에서 적에 대한 분노와 의지는 열악한 아군의 상황을 보완하고 신체적 한계를 초월하는 등 긍정적인 효과를 보이지만(2문단, 5문단), 그것이 인간이라면 자연스럽게 가지는 신체적 한계를 항구적으로 초월하게끔 하는 것은 아니다.

17. 정답 ②

접근 방법

1. ㉠은 「사냥꾼」의 '김의성', ㉡은 「화식병」의 '성근'이다. 글을 바탕으로 두 등장인물의 특징 및 공통점과 차이점을 파악한다.
2. 4문단에 제시된 "소설에서 부상은 서사를 더욱 극적으로 전개하는 장치로 기능한다."에 주목하여 선지를 판단하도록 하자.

선택지 해설

① (×) 김의성은 아들을 출정시킨 뒤 자원입대해 미군의 쌕쌕이를 격추시킴으로써 북한군이 승리하는 것에 기여하지만(2문단), 출정시킨 아들을 잃었는지의 여부는 글에서 확인할 수 없다.
② (○) 성근은 작중에서 부상을 입는 인물이자 취사를 담당하는 병사로, "소설에서 부상은 서사를 더욱 극적으로 전개하는 장치로 기능한다. 부상을 당한 순간에도 자신의 두려움을 경계하는 성근의 모습을 통해, 소설은 성근의 신체와 그 고통보다는 정신의 영역에 집중한다(4문단)."를 통해 고통에서 자유로울 수 없는 북한군의 육체성을 보여준다.
③ (×) 김의성이 지닌 복수의 일념(2문단)과 성근이 지닌 분노와 의지(5문단)는 북한군의 부족한 물자와 기술을 보완한다(3문단, 5문단). 따라서 선지의 서술은 김의성과 성근의 공통점이다.
④ (×) 김의성은 자원입대했지만(2문단), 성근의 자발적 참전 여부는 본문에서 확인할 수 없다. 부상에도 불구하고 두려움을 경계하며 전장에서 배식을 멈추지 않는 모습(4문단)이 열의를 가지고 전투의 최전선에 서는 영웅적 군대의 일부로서 전쟁소재 북한문학의 전형에 포섭될 수 있을 뿐이다(1문단).
⑤ (×) 불리한 전황 속에서 고난을 의지로 극복해내는 서사는 역설적으로 아군의 불리한 정황을 노출시킨다(3문단). 김의성과 성근이 의지로 극복하는 신체적 한계는 북한군이 처해 있었던 물자와 기술 부족에서 기인한 것으로서(3문단, 5문단), 북한군의 열악했던 상황을 보여준다. 즉 "하군의 테크놀로지는 달구지 바퀴에 연결한 기총이나 바퀴 달린 의자를 활용해서 만든 총기처럼 신체의 원시적인 연장에 불과하다. 이러한 측면에서 「사냥꾼」은 다름 아닌 영웅적 인물의 활약에 따른 서사를 통해서 한국전쟁기 북한이 극복하고자 했던 물자의 부족과 테크놀로지의 격차를 극명하게 드러낸다(3문단)."를 근거로 할 수 있으며 선지의 서술은 김의성과 성근의 공통점이라 할 수 있다.

18. 정답 ④

접근 방법

글과 <보기>를 바탕으로 북한문학에서 전쟁의 육체성이 드러나는 방식과 부상과 허기가 이용되는 방식을 추론한다.

선택지 해설

① (×) 부상은 영웅의 전형을 극적으로 보여줄 수 있는 방편이지만, 재생산의 장면은 전쟁의 육체성을 적나라하게 드러내는 것이기에 후면으로 밀려난다(<보기>). 따라서 작가가 영웅의 극적 형상화를 위해 부상을 활용한다면, 작가는 회복 과정보다는 부상을 중점적으로 묘사할 것이다.
② (×) 김의성이 참여한 전투에서 부각된 점은 그가 원시적 수준의 중기를 이용했음에도 불구하고 미군의 전투기를 격추시키는 성과를 낳았다는 점이다(2문단). 따라서 이 전투가 인민군의 완승으로 종결되었다고 하더라도 김의성이 사용한 무기의 수준은 중요하다.
③ (×) 부상은 전쟁의 속성 중 하나인 육체성을 가장 선명히 보여주는 요소이지만, 동시에 한계를 극복하는 영웅의 전형을 가장 극적으로 보여주는 요소이기도 하다(<보기>). 따라서 부상이 허기에 비해 긍정적으로 평가된다면, 부상이 허기보다 전쟁의 육체성을 적나라하게 드러내기 때문일 것이라고 단정하기 어렵다.
④ (○) 화식병은 식사를 담당한다는 점에서 굶주림과 연관된 인민군의 육체성을 드러낸다(5문단). 북한문학에서 영웅의 서사가 반복될수록 전쟁의 육체성은 후면으로 밀려나므로(<보기>), 북한문학에서 화식병과 같은 인물들이 격하된다면 그것은 허기를 통해 연상되는 신체를 지우고자 하는 시도일 것이다.
⑤ (×) 부상은 시각적으로 강렬한 이미지를 부여하며, 상황에 따라서는 적의 비도덕성까지도 강조할 수 있다(<보기>). 다시 말해, 모든 부상이 적의 비도덕성을 강조하고자 하는 의도에서 등장하는 것은 아니다. 그러므로 '성근'의 상처가 상세히 묘사되었다면 그의 부상에 감각적 이미지가 부여되었을 것이지만, 그것이 적의 비도덕성을 강조하고자 하는 의도라고는 단정할 수 없다.

[19~21] 사회

19. 정답 ③

접근 방법

1. 포퓰리즘에 대한 네 가지 분류에서는 공통점과 차이점이 뒤섞여 서술되어 있다. 네 가지 분류의 공통점과 차이점을 꼼꼼하게 읽고 문제를 풀어나가야 실수를 줄일 수 있다.
2. 같은 포퓰리즘에 대한 분류라도 좌파 포퓰리즘과 우파 포퓰리즘으로 나누어 기술되어 있는 경우 선지에서의 설명이 그 중 어떤 것을 지칭하는지를 확인하여야 한다.

선택지 해설

① (○) 고전 포퓰리즘의 두 운동이 내세운 인민의 범주와 성격은 소작농과 자영농이라는 면에서 차이를 보이지만 당시로서는 차별받는 인민의 대표적 계층을 대변한다는 점에서 유사했다(1문단). 소작농과 자영농 모두 농민이다. 구포퓰리즘은 대공황과 불안정하고 파편화된 정당 체제 혹은 종족 갈등이 심한 저발전 국가에서 발생한 포퓰리즘으로서 농민이라는 구체적 범주에서 일반의지에 기반을 둔 집단주의적 인민을 상정하고 전일적인 인민 직접정치를 추구했다(2문단). 따라서 고전 포퓰리즘과 구포퓰리즘은 모두 인민의 대표적 계층을 농민으로 상정한다.

② (○) 고전 포퓰리즘은 러시아 브나로드와 미국 인민당이 대표적으로, 브나로드가 차르 체제와 자본주의 경제 구조를 혁파하려는 혁명적 지식인들의 포퓰리즘이었다면, 미국 인민당은 남북전쟁 후 경제적 갈등과 도농 갈등 및 양당(민주당과 공화당) 대립 지형에서 평등한 대우를 요구하며 등장한 급진적인 상향식 대중 운동이었다. 당시 고전 포퓰리즘은 현대적 의미에서 좌우 이념 구분이 뚜렷하지 않았고 그렇기 때문에 정치 경제적 이념으로서의 색채는 강하지 않았다(1문단).

③ (×) 이 시기에 형성된 포스트포퓰리즘 정당들은 엘리트와 인민을 분리시켜 엘리트 대의 정치를 비판하면서 인민 직접 정치를 추구한다는 점에서 기존 포퓰리스트와 동일하다(4문단). 따라서 포스트포퓰리즘과 신포퓰리즘 모두 엘리트 대의 정치를 비판하고 인민 직접 정치를 추구한다.

④ (○) 구포퓰리즘은 ~ 일반의지에 기반을 둔 집단주의적 인민을 상정하고 전일적인 인민 직접정치를 추구했다. 이들은 언술적으로 인민과 대중을 내세우지만, 민족주의 및 국가주의로 표출되는 강력한 집단주의 이념과 결합해 대의 민주주의를 부정하는 경향으로 나아갔다(2문단).

⑤ (○) 부채가 증가함에 따른 경제위기가 발생함에 따라 등장하였다. 좌파 포퓰리즘은 서유럽에서 68혁명으로 대두되었으나 유의미한 정치세력을 구축하지 못하였으나, 우파 포퓰리즘은 라틴아메리카에서 페루의 후지모리, 아르헨티나의 메넴, 멕시코의 살리나스 등이 집권하여 재정적자를 축소하고 세계화, 개방화를 추구하는 신자유주의적 개혁을 추진하였다(3문단). 따라서 좌파 신포퓰리즘은 집권 세력이 되지 못하였고 우파 신포퓰리즘은 집권 세력이 되었다고 볼 수 있으므로 선택지는 우파 신포퓰리즘을 지칭한다고 볼 수 있다. 우파 포퓰리즘은 신자유주의적 개혁을 주장하였다. 신포퓰리즘이 구포퓰리즘과 가장 중요하게 다른 점은 대의 민주주의의 테두리 안에서 그 한계를 보완할 수 있는 대안을 주장한다는 점에 있다(3문단). 따라서 신포퓰리즘은 대의 민주주의를 수용하였다.

20. 정답 ④

접근 방법

1. 포퓰리즘에 대한 네 가지 분류와 함께 좌파 포퓰리즘과 우파 포퓰리즘, 구체적인 국가별 포퓰리즘 정당에 대한 내용이 함께 서술되어 있어 이들을 정확히 구별해야 한다.
2. 포퓰리즘의 시간 순서에 따른 흐름을 잘 읽어야 한다. 전체적 흐름과 각 포퓰리즘의 세부적 차이가 다를 수 있으므로 차이를 유심히 보아야 한다.

선택지 해설

① (×) 우파 구포퓰리즘과 좌파 구포퓰리즘들은 고전 포퓰리즘보다 더 영향력있는 카리스마적 지도자를 중심으로 정당 체계를 구축하였다(2문단). 이 문장으로 보아 고전 포퓰리즘보다 구포퓰리즘에서 지도자의 역할이 더 축소된다고 보기는 어렵다. 대부분의 구포퓰리즘은 유기체적 집단주의 사고에 따라 카리스마적 지도자에 의존해 그 지도자와 운명을 같이했으나, 신포퓰리즘은 지도자와 인민의 직접적인 관계를 중시한다는 점에서 여전히 지도자의 정치적 비중이 크지만, 그 지도자는 카리스마적일지라도 교체 가능한 수준에 머문다(3문단). 포스트포퓰리즘에서는 지도자 중심주의도 크게 약해져 개방적 조직 구조를 갖추고 대의 정치를 수용하면서 비판한다(4문단). 이와 같은 내용으로 보아 신포퓰리즘과 포스트포퓰리즘으로 갈수록 지도자의 역할이 축소된다고 볼 수 있으나, 고전 포퓰리즘보다 구포퓰리즘에서 지도자의 역할이 더 축소된다고 보기는 어려우므로 옳지 않다.

② (×) 1870년대에 생겨난 고전 포퓰리즘은 농민과 지주·귀족 혹은 엘리트 지배층의 대립 구도에서 농민을 대변한 운동으로서 좌파적 혹은 진보적 경향을 띠었다(1문단). 포스트포퓰리즘은 대부분 좌파 혹은 급진 좌파에 속하는데 대중들의 평등주의 열망을 아래로부터 결집해 정치적으로 표출하고 그 정치적 에너지를 흡수하는 모습을 보인다(4문단). 따라서 포스트포퓰리즘과 마찬가지로 고전 포퓰리즘도 좌파적 경향을 띤다.

③ (×) 1940년대 종족 갈등과 불안정한 정치 상황에 처한 아르헨티나에서 등장한 페론주의가 좌파 구포퓰리즘이다(2문단). 우파 신포퓰리즘은 라틴아메리카에서 페루의 후지모리, 아르헨티나의 메넴, 멕시코의 살리나스 등이 집권하여 재정적자를 축소하고 세계화, 개방화를 추구하는 신자유주의적 개혁을 추진하였다(3문단). 좌파 구포퓰리즘이 아르헨티나에서 먼저 등장하고 우파 신포퓰리즘이 등장하였으므로 옳지 않다.

④ (○) 1920년대 세계 대공황 시기에 이를 해결할 수 없었던 파편화되거나 불안정한 정책과 정당 체제라는 조건에서 독일과 이탈리아에서 각각 발흥한 나치즘과 파시즘이 우파 구포퓰리즘이다(2문단). 라틴아메리카의 우파 신포퓰리즘은 불안정한 정당 체제 하에서 방만한 재정운영으로 국가부채가 증가함에 따른 경제위기가 발생함에 따라 등장하였다(3문단). 위 지문에서 우파 포퓰리즘에 대한 설명 2가지 모두 불안정한 정당 체제 하에서 대두되었으므로 불안정한 정당 체제 하에서 우파적 포퓰리즘이 대두되는 경향이 있다고 볼 수 있다. 1940년대 종족 갈등과 불안정한 정치 상황에 처한 아르헨티나에서 등장한 페론주의가 좌파 구포퓰리즘이다(2문단). 따라서 좌파 포퓰리즘도 불안정한 정치 상황에서 나타날 수 있다.

⑤ (×) 좌파 신포퓰리즘은 서유럽에서 68혁명으로 대두되었으나 유의미한 정치세력을 구축하지 못하였다(3문단). 그리스의 시리자, 이탈리아의 오성운동, 스페인의 포데모스 등은 신자유주의적 경제 기조와는 반대로 재정지출의 확대, 복지 확대 및 국제 조약의 재검토 등을 주장하였다. 이 중 스페인에서 포데모스는 타 국가와 달리 2020년에 연립정부를 구성하여 집권 세력으로서의 입지를 구축한다(4문단). 스페인은 포스트포퓰리즘 세력이 집권 세력이 되었으나 그리스와 이탈리아는 그렇지 않으므로 옳지 않다.

21. 정답 ③

접근 방법

1. <보기>가 다소 길고 지문의 내용과 다른 추가적인 내용을 서술하고 있으므로 <보기>를 정확히 이해하는 것이 중요하다.
2. <보기>와 상당히 긴 지문의 특정 부분을 연결하여야 문제를 풀 수 있으므로 시간 소요가 많이 될 수 있으므로 지문의 유기적 구조를 잘 파악하여 선택지가 요구하는 내용을 지문과 <보기>에서 빠르게 찾을 수 있어야 한다.

선택지 해설

① (○) 경제위기에서의 일시적 지지는 기존 경제위기 상황의 타개라는 하나의 목표 달성을 위해 다소 비합리적으로 이루어지고, 시간이 흐르면 기존의 정치 지형으로 돌아가는 경우가 많다<보기>. 아이러니하게도 신포퓰리즘 정당들이 대의 민주주의를 수용함에 따라 경제위기가 타개된 후 이들의 지지율은 하락하여 이후 정권을 내줄 수밖에 없었다(3문단). 따라서 경제위기 상황에서 집권한 포퓰리즘 정당은 경제위기 타개 이후 지지율이 하락할 가능성이 높다.

② (○) 신포퓰리즘은 서유럽에서 68혁명으로 대두되었으나 유의미한 정치세력을 구축하지 못하였다(3문단). 민주주의는 국민의 선호를 반영해야 하나, 선거는 특정 시점의 선호를 반영한 결과라는 맹점이 있다. 국회의원 선거 결과로 행정수반인 총리를 선출하는 의원내각제 하에서 선거 주기가 길거나, 대통령 선거와 국회의원 선거를 동시에 치르고 선거 주기가 긴 대통령제의 경우 특정 시점에 집권 가능한 강력한 지지가 있었다면 이를 기반으로 긴 기간 동안 국정 운영을 할 수 있다<보기>. 68혁명 당시 선거라는 특정 시점에 집권 가능한 강력한 지지가 신포퓰리즘 세력에 미치지 못하여 유의미한 정치 세력이 형성되지 못했을 가능성이 크다.

③ (×) 경제위기에서의 일시적 지지는 기존 경제위기 상황의 타개라는 하나의 목표 달성을 위해 다소 비합리적으로 이루어지고, 시간이 흐르면 기존의 정치 지형으로 돌아가는 경우가 많다<보기>. 아이러니하게도 신포퓰리즘 정당들이 대의 민주주의를 수용함에 따라 경제위기가 타개된 후 이들의 지지율은 하락하여 이후 정권을 내줄 수밖에 없었다(3문단). 따라서 경제위기 상황에서 집권한 포퓰리즘 정당은 집권 이후 경제위기가 해소되면 기존의 정치 지형으로 돌아가 지지율이 하락할 가능성이 높다. 그럼에도 불구하고 대통령 선거와 국회의원 선거를 동시에 치르고 선거 주기가 긴 대통령제의 경우 특정 시점에 집권 가능한 강력한 지지가 있었다면 이를 기반으로 긴 기간 동안 국정 운영을 할 수 있으나(보기) 경제위기 이후 국회의원 선거를 따로 치러야 한다면 경제위기 상황에서 일시적으로 형성된 선호에 맞는 지지층의 요구를 충실히 수행하기보다는 기존의 정치 지형에 따라 선거 전략을 재수립하는 것이 타당하다.

④ (○) 민주주의는 국민의 선호를 반영해야 하나, 선거는 특정 시점의 선호를 반영한 결과라는 맹점이 있다(보기). 이 시기에 형성된 포스트포퓰리즘 정당들은 엘리트와 인민을 분리시켜 엘리트 대의 정치를 비판하면서 인민 직접 정치를 추구한다는 점에서 기존 포퓰리스트와 동일하다(4문단). 국회의원 선거 결과로 행정수반인 총리를 선출하는 의원내각제 하에서 선거 주기가 길거나, 대통령 선거와 국회의원 선거를 동시에 치르고 선거 주기가 긴 대통령제의 경우 특정 시점에 집권 가능한 강력한 지지가 있었다면 이를 기반으로 긴 기간 동안 국정 운영을 할 수 있다(보기). 따라서 인민의 지지를 토대로 인민 직접 정치를 한다는 포퓰리스트들은 사실 일시적 선호를 기반으로 장기간 국정 운영을 수행하게 되어 장기적으로는 인민의 선호를 반영하지 않은 국정 운영을 하게 되는 비민주적인 결과를 낳을 수 있다.

⑤ (○) 구포퓰리즘은 대공황과 불안정하고 파편화된 정당 체제 혹은 종족 갈등이 심한 민주주의 저발전 국가에서 발생한 포퓰리즘이다. 1920년대 세계 대공황 시기에 이를 해결할 수 없었던 파편화되거나 불안정한 정책과 정당 체제라는 조건에서 독일과 이탈리아에서 각각 발흥한 나치즘과 파시즘이 우파 구포퓰리즘이다(2문단). 따라서 나치즘은 민주주의 저발전 국가인 독일에서 탄생한 구포퓰리즘이다. 민주주의의 발달이 이루어지지 않은 경우 특정 시점의 강력한 지지를 바탕으로 카리스마적 지도자가 독재를 할 수 있다<보기>. 히틀러가 독일의 제1차 세계대전 패배 이후 독일의 경제위기 타개를 목표로 나치즘을 내세워 집권한 후, 수권법을 통해 모든 권력을 본인에게 이양하여 독재자로 군림한 것은 <보기>의 위 설명의 구조와 같다. 이는 독일이 1920년대 민주주의 저발전 국가였기 때문에 가능하다고 추론1할 수 있다.

[22~24] 미학

22. 정답 ①

접근 방법

내용 일치 문제로 해당 개념어가 등장하는 문단을 중심으로 선지의 진위를 판별한다.

선택지 해설

① (○) 자연미는 미메시스적 충동이 내재된 예술적 경험을 통해 포착한 것이다(4문단). 그렇다면 거꾸로 미메시스적 충동이 결여된 예술적 경험으로는 자연미를 포착하기 어렵다고 이해할 수 있다.

② (×) 예술의 사회성은 예술작품이 역사적 제약에 구속되어 있다는 발상과 연결된다(3문단). 이는 예술작품을 주변 환경과 독립적인 구성물로 보는 시각과는 거리가 있다.

③ (×) 모든 예술작품의 내적 구조는 시대적 제약에 구속된 작품의 재료와 이념적 내용이 상호 연관되어 있음을 뜻한다(3문단). 그런데 이는 예술작품의 제작 기법 또한 이념적 내용과 관련되어 있다는 뜻이지, 그 기법이 이념적 내용으로부터 자율적인 역사의 산물이라는 내용과는 거리가 멀다.

④ (×) 미메시스적 충동은 사회적 억압으로부터 자유롭지 않으나(1문단), 미메시스적 충동 자체가 사회적 억압을 낳는 원인이라는 근거는 없다.

⑤ (×) 예술작품의 짜임 관계는 비개념적 인식인 형상들의 상호 관계로서 이러한 형상들의 부정적 계기를 강조하는 것이다(1문단). 짜임 관계는 형상들의 부정적 계기를 강조하는 것이므로, 짜임 관계를 구성하지 못한다고 하여 그 계기 자체가 상실된다고 볼 수는 없다.

23. 정답 ②

접근 방법

예술적 반성, 미학적 반성, 철학적 반성은 유사해 보이고 아도르노의 이론에서 모두 필요한 개념이지만 세부 역할과 기능은 다르다. 이 점에 유의하여 선지에 접근한다.

선택지 해설

① (○) 예술작품의 진리 내용은 예술적 반성과 미학적 반성 모두와 매개된다(2문단). 또한 예술작품의 진리 내용을 구체적으로 포착하는 것은 해석을 수행하는 이성의 작업으로서 철학적 반성이 하는 것이다(4문단). 이로부터 예술적 반성과 미학적 반성만으로는 불충분하므로 이성을 통한 반성이 필요하다고 설명할 수 있다.

② (×) 철학적 반성은 자연미와 예술미의 관계와 긴밀한 관련이 있다. 그런데 자연미는 생성 과정 중에 있는 자연의 모습이다(4문단). 따라서 철학적 반성을 통해서 고정된 자연의 모습을 포착할 수 있다는 것은 잘못된 이해이다.

③ (○) 예술적 반성과 미학적 반성이 모두 필요하지만, 아도르노는 예술 생산의 입장에서 작품을 더 잘 이해할 수 있다고 본다(2문단). 이 중

에서 예술 생산의 입장은 예술적 반성과 연결된다. 그러므로 적절한 설명이다.
④ (○) 진리 내용의 표현을 따지는 것은 수용자의 관점으로, 수용자의 관점은 미학적 반성과 연결된다(2문단).
⑤ (○) 예술적 반성과 미학적 반성에서는 자연미와 예술미의 관계가 언급되지 않고, 철학적 반성에서는 그 관계가 중심이 된다(4문단).

24. 정답 ⑤

접근 방법

아도르노가 재즈에 대해 제기한 비판에 의문을 제기하되, 그 의문은 본문의 내용에 모순되지 않는 선에서 최대한 그럴 법한 것이어야 한다.

선택지 해설

① (×) 아도르노의 입장에서 논증적 인식은 예술작품의 이해와 평가에 적합하지 않다(3문단).
② (×) 아도르노가 재즈에 내리는 평가는 단순한 소비자의 관점만 고려한 것이 아니라, 음악 창작자의 입장도 고려한 것이다(5문단). 따라서 재즈 생산자의 관점을 고려하지 않은 것이 아니냐는 의문은 적절하지 않다.
③ (×) 재즈와 토큰롤이 달리 취급될 근거를 찾기 어렵고(5문단), 재즈가 감상자에게 진리 내용을 갖는 장르로 인식되고 있다고 볼 근거도 없다.
④ (×) 재즈가 계몽적 합리성을 가질 수는 있으나, 이 점은 문화산업의 영향으로 재즈가 상품으로 소비되고 있다는 사실과 큰 관련이 없으며, 재즈 비판에 대한 의문으로도 적절하지 않다.
⑤ (○) 아도르노는 재즈가 진리를 담지 못하고, 사회 비판의 기능을 전혀 하지 못하며, 그 결과 철저히 상품으로만 소비된다고 비판한다((5문단). 그러나 아도르노는 해석적 이해를 통해 진리 내용을 내재적으로 추적할 수 있다고도 본다(3문단). 그렇다면 재즈가 대중 사회에서 출현한 장르라는 점을 감안하더라도, 개별 작품에 한해서는 비판의 계기를 품은 것을 발굴할 가능성도 배제할 수 없다. 아도르노의 입장에서 그런 작업은 해석적 이해를 거쳐야 한다. 그러므로 이 의문은 적절한 의문이 될 수 있다.

[25~27] 기술

25. 정답 ①

접근 방법

글의 정보를 바탕으로 컬러 3차원 지도의 제작에 대한 정보의 정오를 판단하는 문제이다. 기술 지문의 원리를 명확하게 이해하면 문제를 보다 정확하고 빠르게 풀 수 있지만 시간이 오래 걸릴 수 있으므로, 이해하는 데 어려움이 있다면 키워드 중심의 독해를 한 후 발췌독을 하면서 선지를 하나씩 풀어나가는 것이 좋다.

선택지 해설

① (○) 라이다는 상공의 항공기에서 아래쪽의 지표면에 펄스를 쏜 후 지면에 반사되어 돌아온 펄스를 수신하여 해당 반사 지점까지의 거리를 산출하고, 라이다의 위치 정보를 통해 해당 지점의 위도와 경도 좌표, 높이에 해당하는 표고 정보를 얻는다(3문단). 그러므로 동일 고도의 라이다가 동일 각도로 펄스를 쏘아 산출한 거리가 멀수록 해당 지점의 높이는 더 낮을 것이다.
② (×) 라이다는 펄스를 수신할 때 3개 이상의 GPS 위성 통신과 동시에 교신하여 항공기의 절대 위치와 고도를 계산한다(3문단 3번째 문장).
③ (×) 라이다를 활용한 지형 측량을 할 때에는 초당 수만 번의 펄스를 쏘면서 그 중 일부를 수신한다(3문단 2번째 문장).
④ (×) 컬러 3차원 지도를 제작할 때에 필요한 컬러 정보는 사진을 통해 획득하지, 라이다를 통해 획득하는 것이 아니다(4문단 마지막 문장).
⑤ (×) 지형을 측량할 때에는 잡음의 영향을 덜 받는 펄스 측량법을 사용한다(2문단 마지막 문장).

26. 정답 ⑤

접근 방법

1문단에 등장하는 정보를 꼼꼼하게 파악하고 있어야 한다.

선택지 해설

ㄱ. (○) 선분 AB와 선분 AD가 이루는 각도와 A와 B 간의 거리를 알고 있을 때, D의 위치를 확정하기 위해서는 선분 AB와 선분 BD가 이루는 각도까지 알아야 한다.
ㄴ. (○) 선분 AB를 기선으로 삼는다면, 각도 측량을 통해 C와 D의 위치뿐만 아니라 A와 C 간의 거리, B와 D 간의 거리까지 구할 수 있다.
ㄷ. (○) 선분 AB를 기선으로 사용하기 위해서는 A와 B 사이의 거리를 정확하게 측량해야만 한다. 기선이란 두 삼각점 사이의 거리를 '실제로' 측량하여 삼각 측량의 기준으로 삼는 선분을 말한다고 되어 있기 때문이다. 그런데 글에서 설명된 삼각 측량은 이미 선분 AB를 기선으로 정한 후 설명을 진행하고 있다. 즉 삼각 측량의 방법으로 A와 B의 거리를 측량한 것이 아니라 삼각 측량 이외의 방법으로 그 거리를 측량했음을 알 수 있다.

27. 정답 ⑤

접근 방법

글에 제시된 다양한 정보를 바탕으로 <보기>의 상황에 대해 알맞은 설명의 선지를 골라내야 한다. 위상차 측량법, 펄스 측량법의 개념을 명확하게 이해하는 것은 필수이며, 특히 4문단의 색에 따른 세기 변화를 놓치지 않아야 한다.

선택지 해설

① (○) 되돌아오는 펄스의 세기는 쏘아진 펄스보다 그 세기가 약하지만(4문단 1번째 문장), 만일 동일 지점에 쏘았다면 그 감쇠 정도가 같을 것이므로 펄스의 세기가 더 큰 ⓐ가 ⓑ보다 반사되어 온 펄스의 세기 또한 더 클 것이다.
② (○) ⓐ와 ⓑ는 펄스 측량법 라이다로, 펄스가 왕복한 시간에 펄스의 속도를 곱하고 반으로 나누어 거리를 계산하는 방식이다(4문단). 그러므로 차선과 라이다 간의 거리가 절반으로 줄게 되면 펄스의 왕복 시간 또한 절반으로 줄어들 것이다.
③ (○) 측면 라이다에 펄스 측량법 라이다를 이용해 검정색 도로 위의 흰색 차선을 감지하고 차선까지의 거리를 측량하는 상황이다. 펄스의 세기를 임곗값과 비교하여 차선을 감지하며, 흰색에 반사된 펄스는 검은색에 반사된 펄스보다 세기가 덜 약해지므로(4문단 2번째 문장) 흰색 차선을 감지할 때 특정 임곗값보다 큰 펄스를 골라내어 차선을 감지할 수 있다. 이후 감지한 펄스의 거리를 측정하면 차선까지의 거리를 측정할 수 있다. 그러므로 세기가 임곗값보다 큰 펄스만 그 거리를 측정하면 된다.
④ (○) 전면 라이다는 지속적으로 변하는 앞차와의 거리를 측량하거나

갑자기 튀어나오는 장애물을 감지해야 하므로, 연속적으로 레이저를 쏘는 방식인 위상차 측량법 라이다를 사용해야 갑자기 튀어나오는 장애물을 감지하는 등, 매우 높은 빈도로 차량 앞을 감시할 수 있다(2문단 10번째 문장).

⑤ (×) 위상차 측량법 라이다는 동일 거리에 대해 위상차가 크게 나타나는 라이다일수록 세밀한 거리 측량이 가능하며, '위상차/주파수'는 거리에 비례하므로' 동일 거리에 대해 위상차가 크게 나타나기 위해서는 레이저의 주파수가 커야 한다(2문단). 그러므로 주파수가 더 큰 ⓒ가 ⓓ보다 더 세밀한 측량이 가능하다.

[28~30] 규범

28. 정답 ③

접근 방법

지문의 일관된 흐름을 따라가면서 필자가 말하고자 하는 바가 무엇인지 이해하고, 그것을 설명하기 위해 사용된 개념들이 어떠한 의미를 가지는지 분석적으로 독해해야 한다.

선택지 해설

① (○) 지문에서 제시되는 견해는 법관이 정치적 이념에 영향을 받지만(1문단 마지막 문장), 그러한 정치적 이념은 정형화·고착화되지 않았다는 점에서 출발한다(2문단 1번째 문장).
② (○) 법규의 사회정책적인 목적을 고려하는 법관은, 서로 다른 법규나 해석들 중 가장 합목적적인 것을 고심 끝에 택함에 따라(4문단 4번째 문장), 법관 자신의 신념과는 반대되는 결론을 택할 수도 있다(4문단 6번째 문장).
③ (×) 정치적으로 편향된 것처럼 보이는 판결일지라도, 법관 스스로의 정치적 이념과 동떨어진 것일 수 있다(4문단 6번째 문장). 이 경우 그 법관을 어느 한 이념에 속하는 것으로 명확하게 구분지을 수 없으므로(2문단 5번째 문장), 결국 정치적 이념 개념은 정형화·고착화되지 않았음을 뒷받침하는 예시가 된다.
④ (○) 쉬운 사건에서는 법발견이(3문단 2번째 문장), 어려운 사건에서는 법형성이 각각 부각된다(3문단 마지막 문장 전단). 선례가 없는 사건은, 참조할 선례가 없는 관계로 어떠한 선택을 하여도 무방한 경우에 어려운 사안(hard case)이 된다(3문단 3번째 문장 후단). 그러나 법이 명확히 존재하고 그 내용도 분명한 경우, 법발견을 통해 그 법률을 곧바로 적용해야 하는 것이고, 어떠한 선택을 해도 무방한 것은 아니다. 따라서 선례가 없다는 것만으로 어려운 사안이라고 속단할 수 없다. 선례가 없지만 적용될 법률의 내용이 간단명료한 사건은, 오히려 쉬운 사안(easy case)에 속하고(3문단 2번째 문장), 따라서 법관의 판결은 법형성보다는 법발견에 가까울 것이다.
⑤ (○) 지문의 요지는 사법판결이 정치적으로 중립적인 무색무취한 것이 아닐 수 있으며(5문단 1번째 문장), 이처럼 판결이 정치적 이념에 영향을 받을지라도 그것만으로 민주주의 체제에 어긋나는 것은 아니라는 것이다(1문단 마지막 문장).

29. 정답 ④

접근 방법

㉠과 ㉡이 어떠한 입장을 대변하며, 서로 간의 관계가 어떠한지, 지문의 입장은 어느 쪽과 가까운지 등을 염두에 두면 보다 빠르게 풀어낼 수 있다.

선택지 해설

① (×) ㉠의 작업을 수행하는 법관은 어려운 사건(hard case)에 당면하였을 것이다(3문단 3~4번째 문장). 이 경우 법관은 각종의 이념을 반영하는 서로 다른 법규나 해석들 중에서 가장 합목적적인 것을 고르게 된다(4문단 4번째 문장). 법관이 자신은 ㉡으로서 선례, 관행, 비정치적인 필요에 따라 선택하였다고 주장하더라도(5문단 2번째 문장), 실제로는 정치적·정책적인 목적에 보다 방점을 두고 선택하였을 것이다.
② (×) 법관이 스스로를 ㉡이라고 말하는 것은 헌법, 법률, 직무상 양심에 따라 재판한다는 대원칙을 수호하는 역할을 강조하는 것으로서, 사법판결의 권위를 확보하기 위한 것으로 추측된다(5문단 3번째 문장).
③ (×) 모든 법관은 자신의 역할이 ㉡이라고 말할 것이다. 그런데 법관이 선택의 기로에 놓일 때 반드시 자신이 신봉하는 이념에 따르기만 하는 것은 아니다(4문단 2~4번째 문장).
④ (○) 법관이 이념의 영향을 받으면서 실제로 ㉠의 역할을 수행하더라도(1문단 마지막 문장 전단), 자신은 ㉡이라고 주장할 것이다.
⑤ (×) 어떠한 경우에도 법관은 판결이 '입법이 아닌 사법'으로서 ㉠이 아니라고 주장할 것이다(5문단 1번째 문장). 이는 법관이 자신의 역할은 ㉡이라고 공식적으로 말하게 될 것을 뜻한다(5문단 참조).

30. 정답 ⑤

접근 방법

1. 글에서 드러나는 '입법에 가까운 사법'과 '입법이 아닌 사법' 간의 대립적인 구도를 <보기>에서 제시되는 '법형성'과 '법적용'에 각각 대응시켜 읽자.
2. 글과 <보기> 모두 법관의 판단작용은 현실적 제약 아래 가능한 한 바람직한 결과를 지향한다는 점을 공통적으로 지적하고 있음에 유의하여야 한다.

선택지 해설

① (×) 해당 선지의 진위는 제시된 정보만으로는 알 수 없다. 법형성을 지양하는 입장이란 법적용을 중시하는 고전적인 이해를 가리킨다(<보기> 1문단 마지막 문장). 한편 지문의 입장은 법형성을 긍정하는데(1문단 마지막 문장 전단), 그 출발점으로서 내·외적으로 정형화·고착화된 정치적 이념 개념을 부정한다(2문단 1번째 문장). 이때 정치적 이념은 본질적으로 논쟁적인 개념이라는 말은, 정치적 이념이 '내적'으로 정형화·고착화되어 있지 않다는 것이다(2문단 4번째 문장). 하지만 고전적인 이해라고 하여 정치적 이념을 내적으로 정형화·고착화된 것으로 본다고 속단할 수 없다. 예컨대, 외적으로만 정형화·고착화된 정치적 이념(내적으로는 불확정적이라는 사실에 동의하면서도, 개개인을 서로 대립하는 이념적 진영으로 구분할 수 있다고 보는 경우)으로부터 자유로운 중립적인 법관을 상정하는 것일 수도 있다. 무엇보다도, 지문의 입장은 법형성을 긍정하는 입장에 불과한바, 이를 지양하는 입장에 대해서 이 선지처럼 단정할 수 있는 것도 아님에 유의해야 한다.
② (×) 상반되는 목적을 가진 두 개의 법규가 병존하는 경우는 어려운 사안에 해당한다(3문단 3번째 문장 전단). 그런데 유추에 의한 논증은 법형성 시 기존 법적용 사례들과의 유사성을 강조하는 데에 쓰인다(<보기> 2문단 마지막 문장). 그렇다면 선례와 다른 결론에 도달하게끔 하는 법규를 선택할 때 유추에 의한 논증이 효과적이라고 단정할 수 없다. 참고로 선지는 "효과적인 논거를 '제공할 수 있다'"가 아닌 "'제공한다'"라고 서술하고 있으므로, 오답임이 분명함을 파악할 수 있다.

③ (×) 법관은 선택의 기로에서(4문단 1번째 문장), 서로 대립하거나 얽혀 있는 각종 이념들을 반영하는 상이한 법규나 해석들 중 가장 합목적적인 것을 선택한다(4문단 4번째 문장). 그 결과물로서의 판결은 정치적 중립성을 저버린 것이 아닌, 최대한 합리적인 선택이라고 평가된다(4문단 마지막 문장). 법관이 입법부가 제정해 둔 법률의 한계 내에서 차선을 선택하는 것도 그러한 선택의 일환이라고 볼 수 있다(<보기> 4문단 2~3번째 문장). 그렇다면 법률의 한계 내에서 차선을 선택한 판결은 정치적 중립성을 저버린 법관법이라고 할 수 없다.

④ (×) 어려운 사안(hard case)에서는 법관의 역할이 법발견보다 법형성에 근접하게 된다(3문단 마지막 문장). 거꾸로 쉬운 사안(easy case)에서는 명확하게 도출되는 법률의 언명을 구체적인 사실관계에 적용하여 곧바로 결론을 얻어내게 되며(3문단 2번째 문장), 이는 증거로부터 사실을 인정하고 거기에 법해석을 덧씌우는 법적용과 맞닿아 있다. 그렇다면 법적용은 쉬운 사안에서, 법형성은 어려운 사안에서 각각 더욱 빈번하게 나타날 것이다.

⑤ (○) 법형성보다 법적용을 지향하는 고전적 입장에서는 법관이 법체계 속 하나의 톱니바퀴와 같은 부품처럼 법을 규칙적으로 적용해야 한다고 본다(<보기> 1문단 2번째 문장). 이러한 입장은 법관들이 자신들의 판결은 입법이 아닌 사법일 뿐이라고 주장하는 것과 상통하는데(5문단 1번째 문장 전단), 지문의 내용에 따르면 이러한 태도야말로 환상을 내세우는 것이다(5문단 마지막 문장 전단).

2024학년도 법학적성시험 대비 LEETBoost 모의고사(제1회)

제2교시 추리논증

홀수형

정답 및 해설

1	③	2	③	3	③	4	①	5	③
6	①	7	⑤	8	①	9	①	10	②
11	③	12	①	13	①	14	④	15	②
16	⑤	17	④	18	④	19	⑤	20	①
21	①	22	⑤	23	①	24	①	25	③
26	①	27	①	28	②	29	①	30	①
31	④	32	⑤	33	③	34	⑤	35	⑤
36	①	37	②	38	①	39	②	40	①

1. 정답 ③

선택지 해설

ㄱ. (○) 병에 따르면 자신이 무권리자임을 알았던 경우에는 이익을 반환하지 않아도 된다. 그리고 무권리자임을 알았더라도 그 이익을 얻는 과정에서 노동력이나 자본을 투입한 경우에는 그로부터 발생한 이익의 일부만 반환하므로 자신이 직접 배추를 재배(노동력 투입)한 경우 그로부터 발생한 이익의 일부만 반환한다. 따라서 선택지의 내용은 옳다.

ㄴ. (○) 선택지에서는 아버지의 돈을 몰래 훔쳤으므로 자신이 무권리자라는 것을 알고 있는 것이라고 볼 수 있다. 그러므로 훔친 돈을 이용하여 이익을 얻은 경우 갑에 따르면 이익을 모두 아버지에게 주어야 한다. 그리고 병의 경우 동산이나 부동산을 이용하는 과정에서 자신의 노동력이나 자금이 투자된 경우에만 모두 반환할 의무가 발생하지 않지만 선택지의 상황에서는 자신의 노동력이나 자본이 투자되지 않았으므로 이를 모두 아버지에게 주어야 한다.

ㄷ. (×) 친구에게 화물차를 빌리는 계약을 체결하고 그에 대한 사용권을 지불하였지만 타인의 차를 자신이 빌린 차로 오신한 자는 무권리자에 해당한다. 이 경우 갑에 따르면 화물차로 인한 수익을 반환하지 않아도 되지만, 을에 따르면 그러한 오신이 자신의 과실에 의해 발생하지 않아야 한다. 그러므로 상황에 따라서는 수익을 점유권자에게 주는 상황이 발생할 수도 있다. 따라서 선택지의 내용은 옳지 않다.

2. 정답 ③

선택지 해설

ㄱ. (○) 제시된 내용에 따르면 외국인은 내국인보다 항소이유서 작성에 더 많은 시간이 필요한데도 불구하고 항소 이유서 제출기간 도과(A법 제3조)만으로 항소권 자체를 박탈하는 것은 재판을 받을 권리를 침해한다고 보고 있다. 그러므로 A법 제5조에 따라 외국인에게는 항소이유서를 제출하지 않으면 항소를 기각해야 한다는 제3조가 적용되지 않는다면 주장은 반박된다.

ㄴ. (○) 주장은 항소법원이 국선변호인을 선정하고 항소인인 피고인과 국선변호인에게 소송기록을 통지한 다음 피고인이 사선변호인을 선임함에 따라 국선변호인의 선정을 취소한 경우 변호인이 국선인지 사선인지에 따라 항소이유서의 제출기한이 달라진다고 보고 있다. 그러나 선택지에서처럼 변호인이 항소이유서를 제출하는 기간은 제1조의 통지를 최초로 받은 시점부터 계산된다면 이와 같은 차별이 발생하지 않으므로 선택지의 내용은 주장을 반박한다.

ㄷ. (×) 앞서 살펴보았듯이 주장은 항소이유서 제출기한이 짧다는 것에 문제가 있다고 본다. 그러므로 항소이유서 제출이 의무인지의 여부는 주장을 반박하는 것과는 관련이 없다. 따라서 선택지의 내용은 주장을 반박하지 않는다.

3. 정답 ③

선택지 해설

ㄱ. (○) 을의 경우 수사의 목적은 범죄사실을 밝혀내는 데 있지만 그 과정에서 침해되는 상대방의 기본권은 최소가 되어야 한다고 주장하면서 강제수사에 한정하여 수사기관 이외의 기관의 동의나 명령에 의해서만 수사를 할 수 있도록 법률로써 규정해야 한다고 본다. 이는 임의수사보다 강제수사에서 기본권 침해가 더 많이 이루어지고 있음을 전제하고 있으므로 을은 선택지의 주장을 받아들이지 않을 것이다.

ㄴ. (×) 갑의 경우 수사의 목적을 달성하는데 필요하다면 강제수사와 임의수사 모두를 할 수 있다고 보고 있으므로 선택지의 내용에 찬성할 가능성이 높다. 반면 병의 경우 입법기관에 의해 제정된 법률에 명시된 요건이 충족되는 경우에만 강제수사를 할 수 있다고 보고 있고 그 요건이 수사기관에서 발부한 영장일 수도 있다. 따라서 병이 선택지의 내용에 찬성할지의 여부는 알 수 없다.

ㄷ. (○) 을의 경우 수사기관 이외의 기관의 동의나 명령에 의해서만 수사를 진행할 수 있도록 법률로 규정하여 강제수사로 인한 기본권 침해를 최소화해야 한다고 보고 있으므로 선택지의 내용에 찬성할 것이다. 병의 경우에도 법률에 명시된 요건이 충족되지 않으면 강제수사를 할 수 없다고 보고 있으므로 선택지의 내용에 찬성할 것이다. 따라서 선택지의 내용은 옳다.

4. 정답 ①

선택지 해설

ㄱ. (○) 취소인 행정행위는 외형이 존재하는 행정행위 중에 무효나 오류인 행정행위가 아닌 것을 말한다. 선택지의 하자는 중대한 하자이기는 하지만 객관적으로 명백한 하자가 아니므로 무효인 행정행위가 아니다.(무효인 행정행위는 객관적으로 명백한 하자여야 한다.) 그러므로 취소인 행정행위이고 취소인 행정행위는 행정청이 직권으로 취소할 수 있다.

ㄴ. (×) 무효인 행정행위는 행정행위의 효과를 발생시키지 못하는 것을 말하고, 행정행위의 효과가 발생하지 않으면 무효인 행정행위가 된다. 행정행위의 효과는 법률에 명시된 요건이 갖춰져야만 발생할 수 있다. 선택지에서 법률상 경찰관으로 임용될 수 없는 결격사유를 가

진 갑이 임용된 것은 법률에 명시된 요건이 갖춰지지 않은 사람이 임용된 것에 해당하므로 무효인 행정행위가 된다. 무효인 행정행위는 처음부터 그 행정행위가 없었던 것으로 간주되므로 갑은 애초에 경찰관이 아니었던 것이 된다. 즉 갑은 박탈당할 경찰관의 지위가 없으므로 선택지의 내용은 옳지 않다.

ㄷ. (×) 선택지의 내용은 서류상으로 건축되는 건물의 면적을 잘못 기재한 경우이므로 이 경우 행정청은 특별한 절차 없이 임의로 잘못 기재된 내용을 수정할 수 있다. 다만 상대방은 잘못 기재된 내용을 정정할 것을 요구할 수 있을 뿐이지 임의로 그 내용을 수정할 수 있는 것은 아니다.

5. 정답 ③
선택지 해설

ㄱ. (○) 갑은 사망 당시 예금 30억 원과 현금 10억 원을 가지고 있었고, 20억 원의 보험금에 대한 보험료 중 50%만 갑이 납부했으므로 상속재산은 총 50억 원이 된다. 그리고 선택지에서처럼 갑이 증여를 한 적이 없고 채무를 진 적이 없다면 제2조는 적용되지 않으므로 50억 원에 대한 상속세 20억 4천만 원(10억 4천만 원+10억 원)의 1/3에 해당하는 6억 8천만 원이 병에게 부과된다.

ㄴ. (×) 제2조에 따라 상속인에게 상속 개시 전 10년 이내에 증여한 재산은 상속재산에 포함되지만 정은 상속자가 아니므로 제2조가 적용되지 않는다. 따라서 이 경우 앞서 살펴본대로 상속세는 총 20억 4천만 원이고 이중에 2/3이 을에게 부과되므로 을에게 13억 6천만 원이 부과된다. 따라서 선택지의 내용은 옳지 않다.

ㄷ. (○) 갑에 병으로부터 2014년 5월에 10억 원을 빌린 경우 해당 채무는 상속재산에서 제외되므로 총 상속세는 15억 4천만 원(10억 4천만 원+5억 원)이 된다. 그리고 이중에 2/3인 약 10억 3천만 원이 을에게 과세되므로 선택지의 내용은 옳다.

6. 정답 ①
선택지 해설

ㄱ. (○) 규정에 따르면 피해자의 승낙이 없지만 행위자가 행위를 할 당시의 객관적 사정을 피해자가 알았다면 해당 행위를 승낙했을 것이라고 추정되는 경우 그 행위는 처벌되지 않는다. 그러므로 선택지에서처럼 피해자의 이익을 위한 행위(피해자의 생명을 구하는 행위)는 피해자가 승낙했을 것이라고 추정해야 한다는 주장은 갑을 수술하여 살린 을을 처벌하지 않아야 한다는 것에 대한 논거가 된다.

ㄴ. (×) 제1조 제2항에 따라 현실적인 승낙을 얻는 것이 불가능한 경우에만 추정적 승낙이 허용된다. 그러므로 현실적인 승낙인지의 여부를 판단하는 시점을 갑이 자살을 하기 이전이라고 간주하는 경우 갑은 평소에 혼수상태에 빠진 경우 응급조치를 하지 말라는 의사를 표시를 하였으므로 현실적인 의사표시를 한 것이 된다. 이에 따라 선택지역 주장은 병의 처벌을 찬성하는 논거가 된다.

ㄷ. (×) 갑은 자살을 할 의사를 가지고 옥상에서 뛰어내렸으므로 이 의사에 관해 갑을 살린 을의 행위는 제1조에 해당되지 않으므로 처벌된다. 병의 경우에도 갑이 평소에 혼수상태에 빠진 경우 응급조치를 하지 말라는 의사를 표시했으므로 선택지의 내용은 병의 처벌을 찬성하는 논거가 된다.

7. 정답 ⑤
선택지 해설

먼저 견해 1에 따르면 제1조 및 제2조에서의 직무란 비밀주체와 관련된 특정 업무를 처리하기 시작한 시점부터 모든 업무가 종료된 시점까지의 기간 중에 있었던 모든 행위이므로 을과 관련된 업무를 처리하는 시간대인 오전 9시부터 오후 5시가 아니더라도 직무가 됨에 따라 7시에 병으로부터 들었던 행위도 근무에 해당한다. 반면 견해 2에 따르면 업무를 처리하는 시간대 외의 시간에 한 행위는 직무로 보지 않으므로 갑이 7시에 병으로부터 들은 행위를 근무로 보지 않을 것이다. 따라서 견해 1에 따르면 갑이 7시에 들었던 행위는 제1조 및 제2조에 따른 직무이고, 견해 2에 따르면 갑이 7시에 들었던 행위는 제1조에 의하면 직무가 아니지만 제2조에 의하면 직무에 해당한다. 또한 견해 1에 따르면 타인의 신체나 생명에 위해를 가할 가능성이 없는 경우에만 비밀이 될 수 있으므로 타인의 신체나 생명에 위해를 가할 수 있는 사실인 전염병은 비밀이 될 수 없다. 그러므로 견해 1에 따르면 어떠한 경우에도 갑은 처벌되지 않는다. 반면 견해 2에 따르면 을이 자신이 전염병에 걸렸다는 사실을 외부에 알리지 않기를 원하는 경우에만 비밀이 되므로 사례에서의 사실은 비밀이 된다.

견해 A에 따르면 어떤 행위가 제1조 및 제2조의 요건을 충족하는 경우 그 행위에 따른 형의 기간 상한은 두 규정에 따른 상한 형량을 합친 것이므로 5년이 되고, 견해 B에 따르면 두 규정 중 더 무거운 형량이 상한 형량이 되므로 3년이 된다.

견해 1과 견해 A, 견해 1과 견해 B에 따르면 갑은 처벌받지 않는다. 견해 2에 따르면 갑은 제1조와 제2조 중 제2조만을 위반했으므로 2년 이하의 징역형에 처해진다. 따라서 견해 A와 견해 B를 구별할 실익이 없어진다. 그리고 제3조에 따라 가중되어(갑은 을의 이익을 해할 목적으로 제3자에게 사실을 알렸다.) 갑은 4년 이하의 징역형에 처해진다. 그러므로 견해 2와 견해 A, 견해 2와 견해 B 어느 것을 따르더라도 갑은 4년 이하의 징역형에 처해진다.

8. 정답 ①
선택지 해설

① (○) 갑에서의 업무상 법인이나 기업대표의 물건과 병에서 점유를 이탈한 재물 모두 타인의 물건에 포함되므로 타인의 물건을 보관하고 있던 자가 그 물건을 빼돌리거나 반환을 거부 또는 빼돌림으로써 손해가 발생(타인에게 발생한 손해도 포함된다.)한 경우 처벌한다는 선택지의 내용은 갑, 을, 병의 요건을 모두 충족(을의 경우 빼돌리는 것을 통해 손해를 발생시키는 경우 처벌하므로 을에 따라 처벌되기 위해서는 빼돌리는 행위가 있어야 하는데, 선택지의 조항에 따르면 빼돌리는 행위를 하면 처벌되므로 빼돌림으로써 손해를 보는 행위 즉 을이 주장하는 행위도 처벌되게 된다.)

② (×) 갑과 병에 따르면 타인의 물건을 보관하는 자가 그 물건의 반환을 거부하거나 빼돌리는 요건만 충족하면 처벌되는데, 선택지의 조항은 손해가 발생해야만 처벌되므로 갑과 병의 요건을 충족하지 못한다.

③ (×) 을에 따르면 업무상 타인의 물건을 보관하고 있는 자가 그 물건을 타인이 점유할 수 없도록 빼돌리는 경우 처벌되는데, 이에 따라 업무 이외에 빼돌리는 행위를 처벌할 수 없으므로 A조항으로 적절하지 않다.

④ (×) 갑에 따르면 타인의 물건을 보관한 자라는 내용이 포함되어야 한다. 그런데 선택지에서는 물건이 아닌 재물만을 언급하고 있으므로(재물에 포함되지 않는 물건이 존재할 수 있다.) 선택지의 내용은 A조항으로 적절하지 않다.

⑤ (×) 선택지에서는 반환을 거부한다는 내용이 없으므로 갑이 언급한 내용이 포함되지 않았다. 그러므로 선택지의 내용은 A조항으로 적절하지 않다.

9. 정답 ①

선택지 해설

ㄱ. (○) 견해1은 제1조 제1항의 취지는 인체에 해로운 물질이 포함된 식품제조를 금지하여 질병으로부터 국민을 보호하려는 취지이므로 소량의 해로운 물질이 포함된 식품도 인증을 받을 수 없다고 본다. 그런데 선택지에서처럼 인체에 해를 끼치는 물질을 소량 섭취하는 경우 인체에 이로움만 가져온다면 소량의 섭취도 금지하여 질병으로부터 국민을 보호하는 취지라는 견해1은 약화된다.

ㄴ. (×) 견해2는 변경인증은 새롭게 인증을 받는 것으로 보아야 한다고 본다. 즉 인증과 변경인증의 차이를 두고 있지 않는 것으로 보아야 한다. 그러므로 선택지의 내용은 오히려 견해2를 강화한다.

ㄷ. (×) 인체에 무해한 물질로만 구성된 식품을 제조하는 것이 불가능한 경우 견해1을 받아들이면 결국 인증을 받을 수 있는 식품은 존재하지 않으므로 견해1은 약화된다. 반면 견해2는 특정 물질이 인체에 해를 끼칠 수 있는 수준까지 섭취되는 것을 방지하기 위한 취지로 제1조 제1항이 제정되었다고 보기 때문에 선택지의 내용은 오히려 견해2를 강화할 가능성이 높다.

10. 정답 ②

선택지 해설

제시된 내용을 정리하면 다음과 같다.

	1분기	2분기	3분기	4분기	연간 평균
A	3900억 원	3600억 원	3300억 원	3100억 원	3500억 원
B	3500억 원	3700억 원	4300억 원	4500억 원	4000억 원
C	5600억 원	6200억 원	5000억 원	5200억 원	5500억 원

납부할 보험금

	은행인 경우				연간	금융회사인 경우
	1분기	2분기	3분기	4분기		
A	7800만 원	7200만 원	6600만 원	6200만 원	2.78억 원	2.1억 원
B	7000만 원	7400만 원	8600만 원	9000만 원	3.2억 원	2.4억 원
C	1.12억 원	1.24억 원	1억 원	1.04억 원	4.4억 원	3.3억 원

ㄱ. (×) A와 B가 은행이면 납부할 기여금은 연간 납부할 보험료×1/400이고 해당 금액이 100만 원 이하인 경우 경우 기여금은 100만 원이 된다. A와 B 모두 연간 납부할 보험금이 4억 원 미만이므로 이로 인해 납부할 기여금은 100만 원 미만이 되어 A와 B는 모두 100만 원의 기여금을 납부하게 된다.

ㄴ. (○) A가 은행인 경우 연간 납부하는 보험금은 2억 7천 8백만 원이고, C가 금융회사인 경우 연간 납부할 보험금은 3억 3천만 원이므로 연간 납부해야 하는 보험금은 A가 C보다 적다.

ㄷ. (×) 1월, 3월은 각각 31일까지 있고, 2월은 28일까지 있으므로 1월 1일부터 3월 31일까지는 총 90일이 되고, 4월은 30일까지 있으므로 4월 1일부터 5월 20일까지는 총 50일이 된다. B가 은행인 경우 4분기 보험료 9천만 원의 납부기한은 1월 30일까지이므로 5월 20일까지 110일간 연체한 것이 되므로 연체료는 9천만 원×110×1/5,000= 1,980,000원이 된다. C가 금융기관인 경우 2022년의 보험료 3억 3천만 원의 납부기한은 3월 31일까지이므로 5월 20일까지 50일을 연체한 것이 된다. 그러므로 연체료는 3억 3천만 원×50×1/10000= 1,650,000원이 된다. 따라서 선택지의 내용은 옳지 않다.

11. 정답 ③

선택지 해설

ㄱ. (○) 견해1에 의하면 특정 토지에 있는 건물은 지상권을 취득한 상태로 매도되어야만 매수자가 지상권을 취득하며 경매로 인해 토지소유자와 건물소유자가 다르게 된 경우에는 해당 시점의 건물소유자에게 지상권 설정 청구권이 주어진다. 그러므로 지상권 설정 청구권은 A에게만 부여되고(경매로 인해 토지와 건물의 소유주가 다르게 된 시점에서는 A가 건물을 소유하고 있었으므로) 이 청구권은 어느 누구에게도 이전될 수 없으므로 C는 지상권을 취득하지 못한다. 따라서 이 경우 제1조 제3항에 따라 C는 Y를 철거해야 한다.

ㄴ. (○) 견해2에 의하면 지상권 설정청구권은 그 건물소유자로부터 해당 건물을 매입한 자가 대신해서 행사할 수 있으므로 A를 대신해서 X를 매입한 C가 대신 행사할 수 있다. 이 경우 C가 대신해서 청구권을 행사하면 건물소유자인 C는 지상권을 취득하게 된다.

ㄷ. (×) 견해1에 의하면 C는 지상권을 취득할 수 없으므로 1억 원을 배상해야 한다. 또한 상황에서는 B가 Y를 철거할 것과 1억 원을 배상할 것을 요구한 시점에는 C가 지상권을 취득하지 못하였으므로 견해2에 따르더라도 C는 B에게 1억원을 배상해야 한다.

12. 정답 ①

선택지 해설

ㄱ. (○) 만약 A가 1급 비밀이면 정은 A~E의 비밀을 모두 취급할 수 있다. 그런데 제1조에 따르면 1급비밀은 누설될 경우 K국이 다른 국가와 전쟁을 할 수 있는 비밀이므로 Y국과 K국 또는 K국과 Z국 간의 전쟁이 아닌 이상 해당 비밀은 1급비밀이라고 확정될 수 없다. 그러므로 선택지의 내용대로 정이 취급하지 못하는 상황이 발생할 수도 있으므로 선택지의 내용은 옳다.

ㄴ. (×) 갑이 취급하는 비밀은 C와 D이다. 만약 D가 C보다 등급이 높다면 갑이 취급할 수 있는 비밀 중 가장 등급이 높은 비밀은 D가 되고, 병은 D와 E를 취급할 수 있으므로 제2조 제2항에 따라 병이 갑의 직속 상급직위에 있다면 갑이 분류한 비밀을 조정할 수 있다. 그러나 선택지에서는 C가 D보다 높다고 했으므로 선택지의 내용은 확인할 수 없다.

ㄷ. (×) 제1조에 따르면 비밀이란 공개되지 않은 사실이다. 그러므로 D 자체는 공개되지 않았더라도 D에 사용되는 부품 T는 다양한 장치에 사용되므로 공개되었을 가능성이 있다. 이 경우 을의 허가를 받지 않아도 되므로 선택지의 내용은 옳지 않다.

13. 정답 ①

선택지 해설

ㄱ. (○) 을에 따르면 타인에게 해를 끼치는 행위를 하지 말라는 의무가 지켜지지 않는 상황을 발생시킬 수 있는 행위는 허용되어서는 안 된다고 본다. 그런데 L형 행위 자체가 타인에게 해를 끼칠 수 있는 결과를 초래할 수 있는 행위이므로 을에 따르면 L형 행위는 어떠한 경우에도 허용되지 않는다. 반면 병에 따르면 L형 행위 중에 허용되는 것이 있으므로 도덕적으로 그른 행위의 범위는 병에 따를 때보다 을에 따를 때 더 넓다. 따라서 선택지의 내용은 옳다.

ㄴ. (×) 갑의 경우 어떠한 경우에도 L형 행위가 도덕적으로 그르지 않다고 보고 있으므로 선택지의 치료 행위가 도덕적으로 그르지 않다고 판단할 것이다. 병의 경우 치료 행위가 타인에게 해가 된다는 것을 알면서 L형 행위를 한 경우에는 도덕적으로 그르므로 만약 치료를

하는 자가 치료를 하는 것이 해가 될 수도 있다는 것을 알고 있었다면 도덕적으로 그르다고 판단할 것이다. 따라서 선택지의 내용은 옳지 않다.
ㄷ. (✕) 갑과 병 모두 L형 행위에 대해서만 언급을 하고 있다. 그런데 L형 행위는 상황에 따라서 타인에게 해를 가하지 않거나(좋은 결과를 발생하는 것을 포함) 해를 가하는 것이어야 한다. 따라서 선택지에서처럼 타인에게 위험한 결과만을 초래하는 행위 X는 L형 행위에 해당하지 않는다. 그러므로 갑과 병의 판단이 어떨지는 확인할 수 없다.

14. 정답 ④
선택지 해설
ㄱ. (✕) 갑의 경우 국가 권력을 가진 자들끼리 서로 견제를 할 수 있는 제도를 갖추는 경우(통제할 수 있는 경우) 독재자의 출현을 막을 수 있다고 보고 있다. 그러므로 갑은 선택지의 내용에 동의한다. 을의 경우 권력의 크기가 유사한 경우에는 독재자의 출현을 막을 수 있다고 보지만 이 같은 균형은 유지될 수 없다고 보고 있으므로 권력의 통제로 독재자의 출현을 막을 수 없다고 보고 있다. 따라서 선택지의 내용에 동의하지 않는다.
ㄴ. (○) 갑의 경우 인간의 권력에 대한 욕망이 독재자의 출현을 가능하게 한다고 보고 있다. 을의 경우에도 독재자가 나타나는 것을 막기 위해서는 권력자들의 욕망을 제거해야 한다고 보고 있으므로 욕망이 독재자가 출현하는 원인이 될 수 있다고 본다. 따라서 선택지의 내용에 대해 갑과 을의 견해는 같다.
ㄷ. (○) 갑은 첫 번째 대화에서 욕망은 모든 인간들이 동일한 수준으로 가지고 있다고 보고 있으므로 권력자인지의 여부와 상관없이 모든 인간이 동일한 수준의 욕망을 가지고 있다고 볼 것이다. 을의 경우 권력에 대한 욕망은 권력에 대한 야망과 비례하고, 가지고 있는 권력이 커질수록 권력에 대한 야망이 커진다고 보고 있으므로 권력자들은 권력에 대한 욕망이 큰 사람이고, 그렇지 않은 사람은 욕망이 크지 않다고 볼 것이다. 따라서 을은 선택지의 내용에 동의하지 않는다.

15. 정답 ②
선택지 해설
ㄱ. (✕) 을의 경우 과학자들은 수학이나 논리 등에 기초한 판단을 하기 때문에 가설이 현상과 잘 부합하는지의 여부를 객관적 사실에 따라 결정한다고 본다. 즉 을은 이와 같은 판단에 수학이나 논리만 사용되는 것이라고 주장하지 않으므로 수학이나 논리 이외에 다른 것이 사용될 수 있다는 것에 동의하지 않는지의 여부는 확인할 수 없다.
ㄴ. (✕) 갑의 경우 과학자들은 자신의 가설과 더 많이 부합하는 가설을 지지하고 다른 가설을 배척한다고 본다. 이는 과학자들이 자신의 가설과 더 많이 부합하는 가설이 그렇지 않은 가설보다 현상에 더 부합한다(더 진실에 가깝다.)고 생각한다는 것을 전제로 하고 있는 것이다. 따라서 선택지에서처럼 자신의 가설이 다른 가설보다 현상에 더 잘 부합한다고 생각한다면 자신의 가설과 부합하는 가설이 현상에 더 잘 부합한다고 판단하여 이를 지지할 것이므로 선택지의 내용은 과학자들은 자신의 가설과 부합하는 가설을 지지한다는 갑의 견해를 강화한다.
ㄷ. (○) 갑에 따르면 과학혁명의 승자는 다수결로 결정되고, 과학자들은 지지하는 가설 외에 다른 가설을 배척하므로 어떤 가설을 인정하는 과학자의 수가 과반을 넘게 되면 과학혁명이 일어난다. 반면 을에 따르면 모든 과학자들이 수용(인정)하는 가설이 승자가 되므로 과학혁명에 필요한 새로운 가설을 인정하는 과학자들의 수는 갑(과반)보다 을(모든)을 따랐을 때 더 많다.

16. 정답 ⑤
선택지 해설
ㄱ. (○) 만약 갑이 O와 관련된 진위여부와 관련하여 아무런 믿음이 없다면 P가 사실과 다를 경우에는 기만행위가 되어 O의 진위여부가 기만행위 여부에 영향을 준다. 하지만 갑은 O를 참이라고 믿고 있으므로 갑의 행위가 기만행위가 되기 위한 조건으로는 갑의 진술과 갑이 믿고 있는 내용이 달라야 하는 것 이외에는 없다. 따라서 선택지의 내용은 옳다.
ㄴ. (○) 병이 T의 진위여부에 대한 아무런 믿음이 없다면 병의 진술이 사실과 다를 경우에는 기만행위가 성립한다. 명제 T는 참이고 병은 거짓이라고 진술했으므로 병의 진술은 기만행위가 된다.
ㄷ. (○) 정이 S가 참인 것으로 믿은 상태에서 S가 거짓이라고 진술했으므로 정의 진술은 기만행위가 된다. 이 때 기만행위의 내용이 사실과 다르다면 주관적 기만행위가 되고, 사실과 동일하다면 객관적 기만행위가 된다. S가 거짓이고 진술 역시 거짓이라고 했으므로 기만행위의 내용이 사실과 동일한 경우에 해당되어 객관적 기만행위가 된다.

17. 정답 ④
선택지 해설
ㄱ. (✕) 사례에 따르면 케플러의 가설이 참이라고 언급하고 있다. 그러므로 천동설은 물론 지구와 행성들이 원 궤도로 공전한다는 갈릴레이의 가설 역시 틀린 가설이 된다.(케플러의 가설에 따르면 지구와 행성들은 원 궤도가 아닌 타원 궤도로 공전한다.) 갈릴레이의 가설은 천체를 관측한 결과를 증거로 하였으므로 타당화는 이루어졌으나 당시 사람들은 천동설을 받아들이고 있었으므로 보편화는 이루어지지 않았다. 따라서 갈릴레이의 가설은 C형 가설에 해당한다.
ㄴ. (○) 천동설의 타당화가 이루어진 적이 없다면 14세기에는 보편화만 이루어졌고, 천동설 자체가 거짓이므로 천동설은 거짓이면서 보편화만 이루어진 가설이므로 C형 가설에 해당한다.
ㄷ. (○) 케플러의 가설은 참이고, 현재는 대부분의 사람들이 케플러의 가설을 받아들이고 있으므로 현재를 기준으로 보편화도 이루어졌다. 그리고 케플러는 관찰 사실을 수학적 계산으로 풀이한 결과를 증거로 제시하고 있으므로 타당화도 이루어졌으므로 모든 조건을 갖춘 진정한 가설에 해당한다.

18. 정답 ④
선택지 해설
ㄱ. (✕) 갑에 따르면 인간이 추구하는 대부분의 지식은 경험과는 무관하게 인간의 이성에 내재되어 있다. 하지만 이 주장을 받아들이더라도 경험을 통해서 지식을 획득할 수 있다는 것이 부정되는 것이 아니므로 갑이 경험을 통해서 지식을 획득할 수 없다는 것을 전제하고 있는지의 여부는 알 수 없다.
ㄴ. (○) 을에 따르면 관찰을 통해 가설을 세운 후 해당 가설이 참임을 검증함으로써 비로소 그 가설이 지식이 된다. 그러므로 을에 따르면 진위여부를 알 수 없는 가설(참임이 검증되지 않은 가설)은 획득된 지식이라고 볼 수 없다.
ㄷ. (○) 갑의 경우 경험과는 무관하게 이성을 통해서 지식을 획득할 수

19. 정답 ⑤

선택지 해설

먼저 ㉣과 ㉥에 따라 어떤 행위를 할 수 없거나 자신의 희생을 요구하는 행위를 하지 않는 것은 도덕적 비난의 대상이 될 수 없고 ㉦에 따라 가족을 희생시키는 것은 자신의 희생을 요구하는 것이다. 이에 따라 자신의 자녀를 희생시키는 것을 하지 않으면서 두 사람 모두를 구할 수 없는 상황 중 한 사람만을 구하는 행위(타인이 아닌 자녀를 구하는 행위)는 도덕적 비난의 대상이 될 수 없다는 ㉺이 도출된다.

㉡에 따라 위험에 처한 타인을 목격한 경우 그 타인을 구조할 도덕적 의무가 있고 ㉢에 따라 도덕적 의무일지라도 의무를 이행하지 않는 것을 도덕적으로 비난할 수 없다면 그 의무를 이행하지 않는 것은 비도덕적인 것이 아니다. 이에 따라 타인이 아닌 자녀를 구하는 행위는 비도덕적인 것이 아니고 ㉧에 따라 비도덕적이지 않은 행위는 도덕적으로 정당화될 수 있으므로 두 사람을 동등하게 대우하지 않는 행위(타인과 자녀를 동등하게 대우하지 않는 행위) 중에는 도덕적으로 정당화되는 것이 있다는 ㉻이 도출된다. 즉, ㉡, ㉢, ㉺, ㉧이 합쳐져서 ㉻이 도출된다.

또한 ㉻과 두 사람을 다르게 대우하는 것이 도덕적으로 정당화되지 않는 한 두 사람을 동등하게 대우해야 한다는 ㉠에 따라 두 사람을 서로 대우할 수도 있다는 ㉼이 도출된다.

20. 정답 ①

선택지 해설

ㄱ. (○) 갑에 따르면 어떤 문화를 관용한다는 것은 그 문화에 대해 도덕적 판단을 하지 않고 수용하는 것을 말하므로 선택지의 내용에 동의한다. 을 역시 관용이란 어떤 기준에 따른 판단을 배제하고 받아들인다는 의미로 보고 있으므로 도덕적 판단을 적용하지 않을 것이다. 따라서 을 역시 선택지의 내용에 동의한다.

ㄴ. (✕) 갑의 경우 산모에게 어떠한 위협도 주지 않는데도 불구하고 낙태를 하는 것이 받아들여지는 것을 옳지 않은 것으로 보고 있으며, 관용에서의 도덕을 절대적 도덕으로 보고 있다. 그러므로 앞선 상황에서의 낙태 행위가 받아들여지지 않는 것을 절대적 도덕으로 볼 것이다. 그런데 선택지에서는 산모가 위험에 처한 상태에서의 낙태가 아니라 일정한 조건에서 낙태 행위를 허용하고 있다. 그러므로 그 일정한 조건이 산모가 위험에 처한 상태인 경우 갑은 이와 같은 낙태행위를 도덕적으로 받아들일 것이다. 그러므로 이 경우 갑은 동의하지 않는다.

ㄷ. (✕) 을의 경우 모든 상황에서 옳은 원칙이 존재할 수 없다고 보고 있으므로 해당 원칙은 적어도 하나의 상황에서는 옳지 않은 원칙이어야 한다. 따라서 선택지의 내용에 을은 동의한다. 갑의 경우 절대적인 도덕은 모든 상황이나 사람에게 적용되는 원칙이라고 보고 있으므로 타인을 폭행해서는 안 된다는 원칙이 절대적 도덕에 해당한다면 선택지의 내용에 동의하지 않을 것이다. 그러나 해당 원칙이 절대적 도덕이라는 언급이 없으므로 갑이 동의하지 않을지의 여부는 알 수 없다.

21. 정답 ③

선택지 해설

ㄱ. (○) B에 따르면 관심을 갖게 되는 대상에 대한 정보를 규정하는 사고방식이 긍정적으로 달라지므로 Y-1의 구성원들은 ㉠에 대부분 동의할 것이다. 따라서 선택지의 내용은 B를 강화한다.

ㄴ. (○) A에 따르면 자신이 처한 상황에 따라서 행위와 관련된 정보를 규정하는 사고방식이 부정적으로 달라진다. 그러므로 X의 구성원 모두는 취업하는 것이 어렵다고 볼 것이므로 X-1의 구성원이 ㉠에 동의하면 A는 약화된다. 조사에서 취업을 해야 할 의무가 발생하기 전에는 중립이었으므로 A에 따르면 Y의 구성원 모두는 ㉠에 동의하지 않을 것이다. 그런데 앞선 이유와 마찬가지로 B에 따르면 Y-2의 구성원 역시 ㉠에 동의하지 않으므로 해당 결과는 A와 B 모두를 강화할 수 없음에 따라 둘 다 강화하지도 약화하지도 않는다. 이에 따라 A는 앞선 결과에 따라 약화된다.

ㄷ. (✕) B에 따르면 관심이 발생하기 전에는 중립이었으므로 X-2와 Y-2 모두 ㉠에 동의하지 않을 것이다. 그런데 대립하는 A와 B 모두를 강화할 수 없으므로 선택지의 내용은 B를 강화하지 않는다.

22. 정답 ⑤

선택지 해설

① (○) 표상적 의미론에 따르면 신체부위 '눈'과 기상현상 '눈'은 지칭 대상이 다르므로 다른 의미를 가진다. 이 두 단어가 서로 다른 단어라는 점은 표상적 의미론과 상충하지 않는다.

② (○) 표상적 의미론에 따를 때 유의미한 단어를 무의미하다고 해석해야 하는 점은 ㉡의 논거중 하나이다. 그러나 가정에 의해 정의된 '에테르'나 '플로지스톤'이 사실상 무의미한 단어와 다름없다면 유의미한 단어를 무의미하다고 해석하는 것이 아니므로 ㉡은 약화된다.

③ (○) 한 사람의 개념 체계 안에서의 표상의 대상이 지칭체라면, 시민들에게 '브루스 웨인'과 '배트맨'의 지칭체가 같은 대상이 아니므로 ㉢는 더 이상 ㉡의 논거가 되지 못한다.

④ (○) 표상적 의미론자는 표상적 의미론에 따른 단어의 이해가 인류 발전의 이유라고 주장한다. 그러나 '플로지스톤'과 같은 그릇된 표상 역시 발전에 이바지했다는 것은 ㉠을 약화한다.

⑤ (✕) 한 사람이 이해하는 단어의 의미는 그 사람의 개념 체계 내의 의미이다. 이 의미가 단어의 진짜 의미와 다르다고 해서 시민들이 '브루스 웨인'과 '배트맨'을 동일하게 생각한다고 말할 수 없다. (예를 들어 한 사람이 '브루스 웨인'에 홍길동을, '배트맨'에 슈퍼맨을 각각 표상하면 각각의 진짜 의미와 다르게 이해한 것임에도 불구하고 그 사람에게 다른 의미를 가진다.)

23. 정답 ③

선택지 해설

ㄱ. (○) 견해 1에 따르면 표정은 감정의 결과일 뿐이므로 이것이 사실이라면 표정은 감정에 영향을 주지 않는다.(결과는 원인에 영향을 주지 못한다.) 그러므로 (가)에서 X의 구성원들이 즐거움을 느꼈다면 이는 표정이 감정에 영향을 준다는 것을 지지하므로 이와 대립하는 견해 1은 약화된다. 견해 2의 경우 표정이 그 표정에 대응되는 감정을 유발한다고 보고 있으므로 선택지의 내용은 견해 2를 강화한다.

ㄴ. (✕) 견해 3에 따르면 어떤 감정에 대응되는 표정은 모든 사람에게서 동일하게 나타난다. 그러므로 즐거울 때 나타나는 표정은 모든 사람이 동일하다. 만약 실험 대상자 모두가 P를 먹을 때 즐거웠다면 모든 사람들이 동일한 표정을 짓지 않은 경우 견해 3은 약화되지만, 실험에 참여한 사람 중 일부는 P를 먹을 때 즐겁지 않을 수도 있다. 그러므로 선택지의 내용은 견해 3을 약화하지 않는다.

ㄷ. (○) 견해 2와 견해 3은 대립되지 않으므로 두 견해를 동시에 지지하는 증거가 있을 수 있다. (가)에서 Y의 구성원들이 슬픔을 느꼈다는 것은 표정이 그 표정에 대응되는 감정을 유발한다는 것을 지지하므로 이는 견해 2를 지지한다. 그리고 Y는 교류한 적이 없는 A와 B로 구성되어 있으므로 견해 3이 옳다면 이들이 슬픔을 느끼는 표정은 동일해야 한다. 그러므로 선택지의 내용은 견해 3을 강화한다.

24. 정답 ①

선택지 해설

ㄱ. (○) A의 경우 어떤 감각을 한 사람만이 느끼는 경우에는 감각이 잘못되었는지를 비교할 수 있는 대상이 존재하지 않음에 따라 옳은지의 여부를 확인할 수 없고, 확인할 수 없는 용어는 의미가 없으므로 X색이 의미가 없다고 볼 것이다. 따라서 A는 ㉠이 의미가 없다고 볼 것이다.

ㄴ. (×) B의 경우 모든 사람은 동일한 대상을 보더라도 그 대상에 대한 감각 정도가 동일하지 않으므로 어떤 대상이 가진 색이 모든 사람들에게 동일한 정보로 관찰되지 않는다고 볼 것이다. A의 경우 기준이 되는 대상이 있음에 따라 색이 객관화 될 수 있다고만 언급하고 있을 뿐 모든 사람들에게 동일한 정보로 관찰된다고 보는지의 여부는 확인이 불가능하다. 예컨대 사과의 색을 650nm이 아닌 350nm로 관찰한 사람이 각각 있을 수 있다. 그리고 이 경우에도 사과와 동일한 색을 보더라도 650nm로 관찰한 사람은 여전히 650nm로 관찰할 것이고 350nm로 관찰한 사람은 350nm로 관찰할 것이다. 즉 빨간색을 650nm로 관찰하는 사람이 있고 350nm로 관찰하는 사람이 있을 수 있지만 각 사람이 동일한 대상을 동일한 색이라고 판단하기만 하면 A에 따른 색의 객관화가 이루어질 수 있다. 따라서 선택지의 내용에 대해 A와 B의 견해가 동일할 수도 있다.

ㄷ. (×) A의 경우 최초 감각의 기억이 왜곡됨으로 인해 감각 용어를 잘못 사용될 수 있다고 보고 있다. 반면 B의 경우 각각의 사람이 상황에 따라서 동일한 색을 다른 색으로 볼 수도 있음에 따라 감각 용어가 잘못 사용될 수 있다고 주장하고 있다. 즉 B의 경우 처음 본 색이어도 그것이 상황에 따라서 달리 보일 수도 있다고 보고 있으므로 최초 감각이 잘못 되었을 수 있고, 이후에 그것과 동일한 색을 보더라도 다른 색으로 보일 수 있으므로 지각 감각 역시 잘못되었을 수 있다고 본다. 그러므로 B가 최초 감각의 기억을 용어를 잘못 사용하는 원인으로 보고 있다는 선택지의 내용은 옳지 않다.

25. 정답 ③

선택지 해설

ㄱ. (○) 수단을 중시하는 견해에 따르면 어떠한 경우에도 결과는 다른 결과의 수단이 되어서는 안 된다. 한 명을 떨어뜨리는 행위를 하면 두 명을 살리는 결과가 발생하는 경우 한 명을 떨어뜨리는 행위가 두 명을 살리는 수단이 된 것이므로(한 명을 죽이는 행위를 함으로써 두 명을 살리는 결과를 가져왔으므로) 수단을 중시하는 견해에 따르면 ㉠은 허용되지 않는다.

ㄴ. (○) 의도를 중시하는 견해에 따르면 좋은 결과를 가져오기 위해서 타인에게 해를 끼치거나 법을 어기는 등의 비도덕적인 행위를 하는 것은 허용될 수 없다. 그러므로 수영장에 빠진 사람을 구하려는 의도를 가지고 있더라도 그 결과를 위해서 타인의 수영장을 부수는 행위(타인에게 해가 되는 행위)를 하는 것은 의도를 중시하는 견해에 따르면 도덕적으로 허용되지 않는다.

ㄷ. (×) 결과의 가치를 중시하는 견해에 따르면 나쁜 결과보다 좋은 결과의 가치가 더 커야만 도덕적으로 허용된다. 그러므로 한 명을 살리는 것과 두 명을 살리는 것 중에 두 명을 살리는 선택만이 도덕적으로 허용된다. 그런데 선택지에서는 두 명을 살리는 것이 아니라 죽을 위험이 없는 두 명의 부상자를 치료하는 것이므로 한 명을 살리는 것과 두 명의 부상자를 치료하는 것 중에 어떤 것이 가치가 더 큰지 알 수 없다. 따라서 선택지의 내용은 옳지 않다.

26. 정답 ①

선택지 해설

ㄱ. (○) ㉠으로 대표의원을 선출하면 각 정당의 전국의원 수는 갑과 을의 경우 각각 4명 병의 경우 2명으로 총 10명이 된다. 여기에 X, Y, Z에서 각각 1명씩 지역의원이 선출되므로 K국의 대표의원은 총 13명이 된다.

ㄴ. (×) 갑의 경우 현행법률대로 했을 때 전국의원 4명과 지역의원 1명으로 총 5명의 대표의원을 확보한다. 수정법률대로 했을 경우에는 지역의원 1명과 전국의원 3명(51+12+33/3×100=0.32, 0.32×10 =3.2)으로 총 4명이다. 따라서 선택지의 내용은 옳지 않다.

ㄷ. (×) ㉡으로 대표의원을 선출하면 을의 경우 X에서의 득표율이 0이면 3명(61+32/3×100=0.31)의 대표의원을 확보할 수 있고, 이 경우 병은 X에서의 득표율이 49%가 되므로 4명(49+27+35/3=3.7)의 전국의원을 확보할 수 있다. 그러므로 이 경우 을보다 병의 대표의원 수가 더 많으므로 옳지 않다.

27. 정답 ①

선택지 해설

ㄱ. (○) 논증의 셋째 근거에서 C국이 이전보다 더 많은 국방비를 지출함에 따라 A국으로부터의 수입액을 포함하여 C국의 총 수입액을 감소시키는 결과를 초래한다고 주장하고 있다. 만약 A국이 C국으로 수출하는 재화 중 상당수가 국방 관련 재화라면 국방 관련 재화의 수입증가가 수출품 증가로 이어질 가능성이 있고, 이는 국방과 관련되지 않은 재화를 소비할 여력을 감소시킴으로써 수입액이 감소된다는 것을 약화한다.

ㄴ. (×) 첫째 근거에 따르면 C국 국민들의 반감으로 인해 C국 국민들이 A국 재화를 구매하지 않는 결과가 초래되고 이는 결국 A국의 수입 감소로 이어진다. 그런데 선택지에서처럼 A국이 C국으로 수출하는 제품의 대부분이 C국이 D국가로 수출하는 제품에 사용하는 것이라면 원래부터 C국 국민은 A국 제품을 거의 소비하지 않는다는 것으로서 C국 국민이 소비를 하지 않음으로 인해 A국의 수출 감소가 발생한다는 주장은 약화된다.

ㄷ. (×) 주장에 따르면 C국과의 무역규모가 작아지고, 이로 인해 C국에 대한 A국의 경상수지흑자도 작아진다. 그런데 2019년에 총 수출입액이 540억 달러이고, 이중 수출액이 280억 달러였다는 것은 수입액이 260억 달러였다는 것이다. 그러므로 이 경우 경상수지 흑자는 20억 달러이다. 2022년에는 총 수출입액이 490억 달러이고, 수출액이 260억 달러였으므로 수입액은 230억 달러이다. 이 경우 경상수지흑자는 30억 달러이다. 이를 통해 봤을 때 2019년에 비해 2022년에는 무역규모는 줄었지만 경상수지흑자는 오히려 증가했다는 것을 알 수 있다. 그러므로 선택지의 내용은 논증을 약화한다.

28. 정답 ②

선택지 해설

ㄱ. (×) 주유소의 본사가 절대평가를 활용하더라도 선지에서 제시된 조사결과가 나타날 수 있기 때문에 조사결과는 선지의 주장을 강화하지 않는다.

ㄴ. (○) 우선, 절대평가 하에서는 매출액이 더 높은 주유소의 직원이 더 낮은 임금을 받을 수 없다. 또한, ⓒ의 경우 자사 근로자들의 성과를 비교하므로 선지처럼 성과급을 지급하지 않는다. 따라서 A는 ⊙이며 a의 매출이 a'보다 높았더라도 X시가 Y시보다 상대적으로 호황이어서 각각의 지역 내에서는 상대적으로 a'가 더 우수한 성과를 거두었을 것이라 추론할 수 있다.

ㄷ. (×) ⓒ의 경우 b의 매출액을 b'와 비교하지, a',c',d'와 직접 비교하지 않는다. 선지는 ⊙에 관한 진술이다.

29. 정답 ①

선택지 해설

ㄱ. (○) 기존 조직 내의 유대감이 x_*보다 크다면, 갑은 더 이상 조직 내 유대감을 늘릴 유인이 없다. 그러나 추천 방식에 의해 유대감 지수가 기존보다 더 작아질 수는 없으므로 신규 채용 인원은 없다.

ㄴ. (×) 기존 조직 내의 유대감이 x_*보다 작다면 갑은 조직 내 유대감을 x_*까지는 증가시키고자 한다. 이 때, 기존 조직의 인원이 몇 명인지에 따라 유대감 지수가 x_2인 사람이 채용될 수도 안 될 수도 있다. 즉, 유대감 지수가 x_3인 사람을 채용하면 조직 내 유대감이 x_*를 안 넘을 수 있지만, x_2인 사람까지 채용하면 넘는 상황이 존재할 수 있다. 따라서 유대감 지수가 x_2인 사람이 언제나 채용된다고 단정할 수 없다.

ㄷ. (×) 구성원 수의 극대화를 추구하는 갑은 모든 후보자를 전부 채용하려 할 것이다. 이 때 기존 조직 내 유대감이 x_*보다 작은 경우, 새롭게 채용되는 인원의 유대감 지수의 평균이 기존보다 크기 때문에 모든 사람들이 채용되고, 새로운 조직 내 유대감은 기존보다 크지만 x_*보다는 작기에 성과 역시 증가한다. 만약 기존 조직 내 유대감이 x_*보다 큰 경우, 모든 후보자를 추천하면 조직 내 유대감이 작아지지 않도록 최소한으로 채용한다. 이 때 기존 조직 내 유대감이 x_3보다 작다면 신규 채용이 이루어지고 조직의 성과는 감소하며, 기존 조직 내 유대감이 x_3보다 크다면 신규 채용이 아예 이루어지지 않는다. 그러므로 이 때 조직의 성과 역시 변화하지 않는다.

30. 정답 ①

선택지 해설

ㄱ. (○) A의 구성인원이 B와 C보다 크다면 Z의 경우 A와 B의 평균은 5가 될 수 없다.(A가 B보다 구성인원이 많고, A는 5보다 3이 낮은 2이고, B는 5보다 2가 높은 7이므로) 그리고 C는 4이므로 A, B, C의 평균이 5가 될 수 없다. 기준에 따르면 모든 소비자들의 만족도 평균이 5 이상인 제품 중에서 선정되어야 하므로 Z는 선정되지 않는다. 따라서 선택지의 내용은 옳다.

ㄴ. (×) C의 구성인원이 A의 구성인원보다 작고 B의 구성인원이 C의 구성인원보다 두 배 많더라도 Y의 경우 물음표가 5 이상인 경우 선정될 수도 있다. 그런데 Z의 경우 A와 C의 평균이 3 미만이고(A가 2이고, C가 4이지만 C가 A보다 적으므로) A와 C의 구성인원 합은 B의 구성인원보다 많다.(B는 C의 두 배이고 A는 C보다 많으므로) 만약 A와 C의 평균이 3을 초과하는 경우 5 이상이 될 수도 있지만

앞서 살펴본 대로 A와 C의 평균은 3 미만이므로 5 미만이 될 수밖에 없다.(A와 C의 합이 B와 동일한 경우에도 5 미만이 되고, 이와 같은 가정하에 A와 B의 평균이 3인 경우에만 5가 될 수 있다.) 그러므로 Z는 기준 3에 의해 선정되지 않는다.

ㄷ. (×) X와 Y의 주소비 연령층이 A이고 Z의 주소비 연령층이 C라면 기준 2에 따르는 경우 주소비 연령층의 만족도가 4인 Y와 Z가 선정된다. 그리고 기준 1에 따르면 비교되는 제품 중 모든 소비자들의 만족도 평균이 가장 높은 제품이 선정되고 선택지에서는 A, B, C에 대한 비율 정보가 제시되지 않았으므로 기준 1에 따르는 경우 Y와 Z가 반드시 선정된다고 단정지을 수 없다.

31. 정답 ④

선택지 해설

제시된 조건을 조건 1~9라고 정의한다.

유물은 총 6개이고 조건 4에 따라 2세기에 제작된 유물은 3세기에 제작된 유물보다 많고, 1세기에 제작된 유물보다 적으므로 2세기에 제작된 유물은 2개, 1세기에 제작된 유물은 3개, 3세기에 제작된 유물은 1개가 된다. 조건 7에 따라 A는 F보다 먼저 제작되었으므로 A는 1세기나 2세기, F는 2세기나 3세기에 제작된 것이 된다. 그런데 조건 6에 따라 C는 3세기에 제작되었고 3세기 유물은 한 개이므로 F는 2세기 A는 1세기에 각각 제작된 것이 된다. 조건 8에 따라 Z국에서 제작된 B와 D는 동일한 시기에 제작되었으므로 2세기에 제작된 유물이 될 수 없다.(F가 2세기에 제작되었으므로 B와 D가 2세기에 제작되었다면 2세기에 제작된 유물은 총 3개가 된다.) 그러므로 B와 D는 1세기에 제작된 것이 되고, 나머지 E와 F는 2세기에 제작된 것이 된다. 조건 9에 따라 2세기에 제작된 유물 중 X국에서 제작된 유물이 없으므로 E와 F는 X국 유물이 될 수 없고, B와 D 역시 Z국 유물이므로 나머지 A와 C가 X국 유물이 된다. 그러므로 Y국 유물은 E나 F 중 하나가 된다. 정리하면 다음과 같다.

	A	B	C	D	E	F
시기	1	1	3	1	2	2
국가	X	Z	X	Z	Y/Z	Y/Z

① (○) 옳다. (○)
② (○) 옳다. (○)
③ (○) 옳다. (○)
④ (×) E는 2세기에 제작된 유물이다.
⑤ (○) 옳다. (○)

32. 정답 ⑤

선택지 해설

제시된 조건을 맨 위에서부터 조건 1~조건 6이라고 정의한다.

조건 2에 따르면 동일한 조에 속한 사람이 받은 등급은 모두 다르므로 각 조별로 받을 수 있는 경우의 수는 (1, 2, 3), (1, 2, 4), (1, 3, 4), (2, 3, 4)의 4가지가 있다. 그런데 제시된 내용에 따르면 1등급, 2등급, 4등급은 각각 2명, 3등급은 3명에게 주어지므로 각 조별로 받을 수 있는 경우의 수는 (1, 2, 3), (1, 3, 4), (2, 3, 4)이 된다. 조건 3에 따르면 X조의 등급점수합은 Y조보다 크므로 Y조에 속한 사람들이 받을 수 있는 등급의 경우의 수는 (1, 3, 4)나 (2, 3, 4)가 된다. 그런데 조건 4에 따라 D는 1등급을 받았으므로 Y에 속한 사람들은 1, 3, 4등급을 받았고, Z조에 속한 사람들은 1등급을 받을 수 없으므로(Y보다 등급점수합이 큰 X에 반드시 1등급이 있어야 한다.) Z조에 속한 사람들 등급은 2, 3, 4가 된다. 조건 5에 따르면 H는 E보다 등급이 더 높고 H는 3등급이나 4등급

밖에 될 수 없으므로(G가 Z조에서 가장 높은 2등급이므로) H는 3등급 E는 4등급이 된다. 이에 따라 F는 3등급, I는 4등급이 된다. 조건 6에 따르면 A와 B의 등급점수합은 7점이고 X의 등급조합은 1, 2, 3등급이므로 A와 B는 각각 2등급이나 3등급이 되고(2등급 점수 4점과 3등급 점수 3점이 합쳐지므로) C가 1등급이 될 수밖에 없다. 정리하면 다음과 같다.

조	X			Y			Z		
사람	A	B	C	D	E	F	G	H	I
등급	2/3	2/3	1	1	4	3	2	3	4
등급점수	4/3	4/3	5	5	2	3	4	3	2
총합		12			10			9	

ㄱ. (○) 옳다.
ㄴ. (○) 옳다.
ㄷ. (○) 옳다

33. 정답 ③
선택지 해설

을과 무의 진술이 참이면 정은 2층보다 높고 4층보다 낮은 곳에 있어야 하므로 3층은 정의 집이 된다. 그리고 갑은 4층보다 낮으므로 갑의 집은 2층이나 1층에 있어야 한다. 하지만 갑의 진술에 따르면 갑의 집은 을과 병의 집보다 높으므로 최소 3층 이상이어야 한다. 그러므로 갑, 을, 무의 진술 중 하나는 반드시 거짓이 된다. 이에 따라 병과 정의 진술이 참이 되므로 정의 진술에 따라 6층은 비어 있고 7층은 무의 집이며, 병의 진술에 다라 5층은 비어 있고(정의 진술에 따라 7층은 무의 집이므로) 3층은 정의 집이 된다. 만약 갑의 진술이 참이면 갑은 4층에 있어야 하는데 을의 진술에 따르면 병과 정의 집은 2층보다 높으므로 3층과 4층이어야 함에 따라 을은 거짓이 된다. 그리고 무의 진술에 따라 갑과 정의 집은 4층보다 낮아야 함에 따라 갑은 2층이나 1층에 있어야 하므로 무 역시 거짓이 된다. 그러므로 갑은 참이 될 수 없다. 갑이 거짓일 경우 병과 정의 집은 2층보다 높으므로 병이 4층이 되고, 2층이나 1층은 갑이나 을이 된다.
정리하면 다음과 같다.

7층	무
6층	X
5층	X
4층	병
3층	정
2층	갑/을
1층	갑/을

ㄱ. (○) 옳다.
ㄴ. (×) 2층은 갑의 집일 수도 있다.
ㄷ. (○) 옳다.

34. 정답 ⑤
선택지 해설

제시된 내용을 정리하면 다음과 같다.
A: X(큰 고통)를 실행하기 전 상황
B: X(큰 고통)를 실행한 후 상황
C: Y(작은 고통)를 실행하기 전 상황
D: Y(작은 고통)을 실행한 후 상황

(1) 고통스러운 기억이 더 적은 상황을 선호한다.
(2) 인생 전체에서 겪은 고통의 총량이 적은 상황을 선호한다.
(3) 더 고통스러운 경험보다는 덜 고통스러운 경험을 기억하는 것을 선호한다.

제시문에서는 이미 X를 이루기 위한 조건을 충족한 경우 그 과정에서 큰 고통을 수반하는지 혹은 작은고통을 수반하는지는 중요하지 않을 수 있지만 위의 (1)~(3)의 기준 중 하나를 적용하는 경우에는 고통에 대한 기억이 고려되어야 하므로 큰 고통을 실행한 후의 상황보다 작은 고통을 실행한 후의 상황이 더 선호될 수 있다고 설명하고 있다. 그러므로 ㉠에는 고통의 강도를 기억하는 것(B와 D의 차이는 고통의 기간이 아닌 고통의 강도이다.)과 관련된 내용이 들어가야 한다. 그러므로 (2)는 들어갈 수 없고(기억이 고려되지 않으므로), (1)의 경우 고통의 강도가 아니라 고통의 기간에 대한 내용이므로(고통스러운 기억이 더 짧은 상황을 선호하므로) ㉠에 들어갈 수 없다. 따라서 ㉠에는 (3)이 들어가야 한다.
그리고 고통에 대한 기억을 하지 못한다고 가정하는 경우에도 B보다 D가 더 선호될 수 있는데 이는 기억이 아닌 실제로 인생 전체에서 겪은 고통의 총량이 적은 상황을 선호한다는 기준이 들어가는 경우에만 성립될 수 있다. 따라서 ㉡에는 (2)가 들어간다.
(2)가 기준이 되는 경우 우리는 인생 전체에서 겪은 고통의 총량이 적은 상황을 선호해야 하므로 큰 고통보다는 작은 고통을 선해야 한다. 그러므로 B보다는 C를 더 선호해야 한다.

35. 정답 ⑤
선택지 해설

ㄱ. (○) 가설 1에 따르면 자신에게 일어날 수 있는 사건이 그 이외의 사건보다 일어날 가능성이 더 높다고 판단하므로 자신의 조원에게 1억 원이 주어지는 (1)의 상황보다는 자신에게 1억 원이 주어지는 (2)의 상황이 발생할 확률이 더 높다고 판단할 것이다. 그러므로 선택지의 내용은 가설 1을 강화한다.
ㄴ. (○) 앞서 설명한 대로 가설 1에 따르면 자신에게 일어날 사건을 다른 사건보다 발생확률을 더 높게 생각한다. 그러므로 (1)보다 (4)가 발생할 확률이 더 높다고 대답한 경우 가설 1은 강화된다. 가설 2에 따르면 하나의 사건이 발생할 확률과 두 개의 사건이 발생할 확률이 실제로 동일하다면 하나의 사건이 발생할 확률이 더 낮다고 생각한다. 그러므로 (1)의 상황보다는 (4)의 상황이 발생할 확률이 더 높다고 생각한다.(1/2 확률로 빨간색 공이 뽑히는 상황에서 3번 뽑아서 3번 모두 빨간색이 뽑힐 확률은 1/8로 (1)과 (2)의 상황과 실제 확률은 동일하다.)
ㄷ. (○) 자신이 아닌 타인에게 발생할 수 있는 사건이 일어날 가능성이 더 높다고 대답했다면 이는 가설 1을 약화한다. 그리고 1/8의 확률로 빨간색 공을 한 번 뽑는 것보다 1/2의 확률로 빨간색 공을 3번 뽑을 확률이 더 높다고 생각하는 경우 가설 2는 강화되므로 선택지의 내용은 옳다.

36. 정답 ①
선택지 해설

ㄱ. (○) ㉠에 따르면 성운은 우리 은하 내부의 별들이 모여 형성된 도톰한 원반의 아래위에 분포하는 우리 은하에 속한 천체에 불과하다. 이를 받아들이면 우리 은하는 도톰한 모양의 원반으로만 구성된 것이 아니므로 모든 은하가 도톰한 모양의 원반으로만 구성되었다는 선택지의 주장은 ㉠을 약화한다.

ㄴ. (×) ㉠에 따르면 성운이 은하라면 우주의 어느 방향을 보든지 성운들이 관측되어야 한다. 그리고 이는 성운이 균일하게 분포되어 있음을 전제한다. 그러므로 이와 같은 전제와 부합하지 않는 선택지의 내용은 ㉠을 약화한다. ㉡의 경우 금지구역이 존재하는 것은 성운이 균일하게 분포되어 있지 않아서가 아니라 우리 은하에 있는 물질들 때문에 성운의 빛이 가려져서 우리에게 도달하지 않기 때문이라고 본다. 이는 성운이 균일하다는 전제를 하고 있으므로 선택지의 내용은 오히려 ㉡을 약화한다.

ㄷ. (×) ㉠의 경우 A의 밝기가 1만 분의 1에 불과하다는 것을 토대로 성운은 우리 은하의 일부라고 본다. 즉 이는 A에 있는 가장 어두운 별의 밝기에 비추어 볼 때 A에 포함된 별은 최대 1만 개 이하이어야 하므로 이와 같은 규모는 은하로 인정될 수 없다는 전제를 하는 것이다. 따라서 선택지의 내용은 ㉠을 약화한다. ㉡의 경우에도 A에 존재하는 가장 어두운 별의 관측이 불가능하다는 것을 들어서 ㉠을 반박하고 있으므로 이와 같은 사실을 전제하고 있다고 보아야 한다. 그러므로 오히려 선택지의 내용은 ㉡을 약화한다.

37. 정답 ②

선택지 해설

ㄱ. (×) 만약 X종의 서식지가 자외선이 많은 환경이라면 X종에 자외선을 막아주는 형질을 발현시키는 유전자가 존재하지 않는 경우 ㉠과 ㉡ 모두 약화되지만 X종의 서식지가 언급되지 않는 한 약화여부를 판단할 수 없다.(㉠과 ㉡ 모두 환경에 노출되는 경우를 언급하고 있음에 유의하자.)

ㄴ. (×) 더운 지역에 서식하는 Y종에서 더위에 불리한 형질을 발현시키는 유전자와 더위에 유리한 형질을 발현시키는 유전자가 모두 존재하는 경우 ㉠에 따르면 더위에 불리한 형질을 발현시키는 유전자는 사라져야 하므로 ㉠은 약화된다. 반면 ㉡의 경우 하나의 유전자가 두 개 이상의 형질을 발현할 수 있는 경우 그 유전자가 환경의 적응에 유리하면 해당 유전자는 지속적으로 존재하므로 더위에 불리한 형질을 발현시키는 유전자가 더위에 유리한 형질도 발현시키는 경우 해당 유전자는 존속할 수 있다. 그러므로 ㉡은 약화되지 않는다.

ㄷ. (○) 체중당 표면적이 넓은 개체일수록 추위에 불리한 경우 추운 지역에 서식하는 Z종에서 추위와 관련하여 체중당 표면적이 가장 좁은 원 형태의 형질을 발현시키는 유전자만 존재하는 경우 환경에 유리한 형질만 남은 것이므로 ㉠은 강화된다. ㉡의 경우에도 해당 유전자가 환경에 유리한 형질을 발현하므로 강화된다.

38. 정답 ⑤

선택지 해설

제시된 내용에 따르면 수송기관인 G는 X, Y, Z 중 하나를 세포 내부로 이동시키고 다른 하나를 세포 외부로 이동시킨다. 그리고 A, B, C 각각은 X, Y, Z 중 하나를 통과시킨다. 그런데 P상태가 되면 세포 내부가 외부보다 양이온이 더 많은 상태가 되는데 이와 같은 상태가 되기 위해서는 G가 지속적으로 작동을 하면서 세포 외부에 있는 양이온은 세포 내부로 들어옴과 동시에 세포 내부에 있는 양전하는 세포 외부로 빠져나가지 않아야 한다. 이것이 가능하려면 확산에 의해 세포 내부에서 외부로 빠져나가려는 양이온을 막고, 수송기관에 의해 나간 양이온의 확산을 통해 세포 내부로 들어보내야 한다. 즉 G가 작동하면 특정 이온은 세포 내부, 다른 특정 이온은 세포 외부로 각각 이동하는데, 이 상태에서는 서로 동일한 양의 이온이 세포 외부와 내부로 이동하므로 전체 양이온 농도는 세포 내부와 외부가 동일하다.

그러나 세포 내부로 이동한 양이온을 외부로 이동시키지 못하도록 하고 반대로 외부로 이동한 양이온은 자유롭게 이동이 가능하도록 하는 경우 내부의 양이온 농도는 외부의 양이온 농도보다 높아진다. 이것이 가능하려면 내부로 이동한 양이온을 통과시키는 계폐기관을 닫아야만 한다.(나머지 G에 의해 세포 외부로 이동하는 이온을 통과시키는 계폐기관은 당연히 열린 상태가 되어야 한다.) 그러므로 G가 작동하는 상태에서 세포 안과 세포 밖의 전체 양이온 농도차가 발생하려면 적어도 G가 이동시키는 이온을 통과시키는 두 개의 계폐기관 중 하나는 반드시 닫혀 있어야 한다. 따라서 G가 작동함과 동시에 닫혀 있는 계폐기관이 있는데도 불구하고 세포 내부와 외부의 양이온 농도차가 발생하지 않으면 그 닫혀 있는 계폐기관은 P에 의해 이동하는 이온을 통과시키는 계폐기관이 될 수 없다. 그러므로 R상태에서 닫혀 있는 B는 G가 이동시키는 이온을 통과시키지 못하고 A와 C만 G가 이동시키는 이온을 통과시킨다.

그런데 G는 Y를 세포 외부로 이동시키고 B는 X를 통과시키지 않으므로 G가 이동시키는 것은 X와 Y이고 Z는 G가 이동시키지 않으므로 B는 Z를 통과시킨다. 그리고 A가 열려 있고 C가 닫힌 상태에서 세포 내부의 양이온 농도가 높으므로(P상태) 내부에 들어온 양이온은 나가지 못하도록 막는 역할을 C가 하고, A는 반대의 역할을 한다. 이때 G는 Y를 세포 외부로 이동시키므로 A는 Y를 통과시키고 C는 X를 통과시킨다. 정리하면 다음과 같다.

	G	A	B	C
X	세포 내부로 이동			O
Y	세포 외부로 이동	O		
Z			O	

ㄱ. (○) 옳다.

ㄴ. (○) G는 X와 Y만 이동시킨다.

ㄷ. (○) A만 닫히면 외부로 이동한 양이온이 내부로 이동할 수 없으므로 Q상태가 된다.

39. 정답 ②

선택지 해설

ㄱ. (×) 제시된 표를 보면 K와 B가 동시에 있거나 동시에 없으면 핵인자가 활성화되고, K만 있는 경우에는 핵인자가 비활성화되므로 B는 핵인자를 비활성화시키는 역할을 한다. 그러므로 선택지의 내용은 옳지 않다.

ㄴ. (×) K가 있는 상태에서도 B가 있으면 핵인자가 활성화되고, K가 있는 상태에서 B가 없으면 핵인자가 비활성화되므로 B는 K를 억제하는 역할을 한다고 볼 수 있다. 따라서 선택지의 내용은 옳지 않다.

ㄷ. (○) TLR수용체와 내독소가 결합하는 경우에만 M세포가 세균을 인식할 수 있고, M세포가 세균을 인식함과 동시에 핵인자가 활성화되어야만 면역조절제가 활성화된다. 즉 CD수용체가 TLR수용체와 내독소를 결합시키는 역할을 하면 CD수용체와 핵인자가 있는 경우에는 면역조절제가 활성화되고, 둘중 하나라도 없으면 면역조절제가 활성화되지 않는다. 표에 따르면 CD수용체나 핵인자 중 어느 하나만 있으면 면역조절제가 활성화되지 않았고, 두 개 모두 있는 경우에만 면역조절제가 활성화되었으므로 CD수용체는 TLR수용체와 내독소를 결합하는 역할을 한다.(○)

40. 정답 ①

선택지 해설

ㄱ. (○) 제시문의 상황을 D에 적용하면 빛의 속도를 1로 가정하는 경우 Y의 입장에서는 시간이 5(5=t×1)가 되고, Y의 입장에서 X의 시간

은 4(4=t×1)가 된다. 따라서 정지해 있는 사람의 입장에서는 움직이는 사람의 시간이 자신의 시간보다 느리게 관찰된다. 그러므로 선택지의 내용은 옳다.

ㄴ. (×) 빛이 R기라고 가정하는 경우 R이 이동하는 속도가 빨라질수록 Y가 관찰한 R의 이동거리와 X가 관찰한 R의 이동 거리 차이는 줄어든다. 우주선의 이동속도를 3으로 고정한 후에 R의 이동속도에 변화를 주어보자. X의 입장에서 R이 1m 이동할 때 Y의 입장에서는 약 3.16m를 이동한다. 이 경우 X와 Y의 시간차이는 1:3.16이다. 만약 X의 입장에서 R이 4m를 이동하는 경우 Y의 입장에서는 5m를 이동하고 이 경우 X와 Y의 시간차이는 4:5가 된다. 즉 빛의 속도가 빨라질수록 ㉠과 ㉡의 시간차이는 오히려 줄어든다.

ㄷ. (×) 빛이 ㄱ이라고 가정하는 경우 빛의 속도가 초속 4m로 고정된 상태에서 우주선이 초속 1m로 움직이면 X와 Y의 이동거리 차이는 약 4:4.12이다. 그런데 우주선이 초속 3m로 움직이면 X와 Y의 이동거리 차이는 약 4:5가 되므로 ㉠과 ㉡의 차이는 오히려 커진다.

도서소개

LEET 언어이해 전개년 기출백서

2024학년도 THE 300제 언어이해

2024학년도 THE 200제 추리논증

LEET 7개년 기출백서

2022학년도 리트 엄선모의고사

2021학년도 리트 엄선모의고사

2020학년도 리트 엄선모의고사

법률저널 LEET 전국 모의고사

강화약화 4.0

논리개념 매뉴얼 5.0

LEET 추리논증 법률문제110

LEET 추리논증 엑기스 100제

합격생이 직접 풀어쓴 PSAT 기출문제 해설집 11개년

합격생이 직접 풀어쓴 PSAT 유형별 기출문제 해설집 8개년

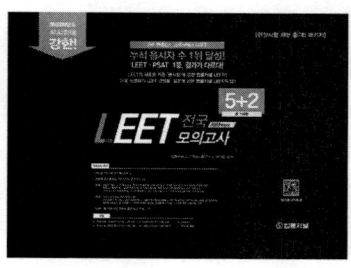
2023학년도 LEET 총7회분(5+2) 봉투모의고사

GOAT-LEET에 이어 이제는
LEETBoost 실전 전국모의고사

LEETBoost))) Your Path to LEET Success!

2024학년도 법률저널 LEETBoost 신청 BIG EVENT

혜택1 | 7세트 패키지 응시료 할인
- 7세트 패키지 응시료 30% 할인
  580,000원 → 406,000원 (30%↓)
- 제1회(5.14) 현장 응시자에게 '책상 컵홀더 거치대' 증정
  * 허소함 경우 증정품 공제 후 환불/수령 후 반품 불가

신청 기한 : 2023.5.13.(토) 자정까지
※ 회당 응시료 80,000원(온·오프 동일)/
단, 제7회 100,000원(논술 포함)
(고물가시대에도 응시자 부담 최소화하기 위해 응시료 동결)

혜택2 | 6세트 패키지 응시료 할인
- 6세트 패키지 응시료 20% 할인
  500,000원 → 400,000원 (20%↓)

신청 기한 : 2023.5.27.(토) 자정까지

혜택3 | 장학금회차 패키지 신청 이벤트
- 제3회~제7회(장학생 선발 회차) 5세트 패키지 응시료 5% 할인
  420,000원 → 399,000원 (5% 할인)

신청 기한 : 2023.6.10.(토) 자정까지

혜택4 | 대학 단체 접수 시 응시료 할인
- 응시료 할인은 참여 대학과 협의 후 결정
- 대학 단체는 별도 접수페이지를 통해 접수함
- 대학 단체는 재학생 확인용(학생증) JPG(JEPG) 파일 (파일용량 500kbytes 이하)로 등록
- 학생증 스캔한 파일은 이름, 학생증 번호, 대학명은 노출하되 얼굴은 가려도 됨

혜택5 | 유관기관장상 수여
- 장학금 회차 모두 응시한 자 중 성적 우수자 중에서 선발
- 장학금 회차 모두 현장 응시자 대상
- 성적 우수자 중 법률저널에서 심사해 3명을 선발함
- 장학금은 법률저널에서 지급함

혜택6 | 격려장학금 500만원 쏜다!
- 매회 성적순(표준점수)으로 7명(현장 5명, 온라인 2명) 선발함
  * 단, 제1회(5.14)는 8명(현장 6명, 온라인 2명) 선발함
- 격려장학금은 중복 수상 제한 없음(매회 수상 가능)
- 면학 및 성적우수 장학금 수상에도 제한 없음
- 동점자가 선발인원 초과 시 추리·언어 표준점수 순으로 선발
- 격려장학금 매회 각각 100,000원 지급
- 성적 발표 후 개별 통지, 계좌로 입금(제세공과금 법률저널 부담)
※ 격려장학금은 '법조공익재단법인' 사랑샘에서 후원함

■ 격려장학금 총 5,000,000원

구분	선발인원		시상내용
법조공익 재단법인 사랑샘	매회 7명 선발 *제1회 8명	현장 5명 *제1회 6명	각 10만 원
		온라인 2명	총 50명 선발 5,000,000원

혜택7 | 총 25,000,000원 장학금 수여!
- 면학 장학금 10,000,000원(8명)
- 성적우수 장학금 15,000,000원(18명)
* 중복 수상일 때 수상자에게 유리한 상 지급
* 면학 및 성적우수, 유관기관장 장학생 선발은 제3~제7회 모두 현장 응시한 시험지에서 논술 제외의 표준점수 성적으로 산정함. 단, 면학 장학생도 성적이 상위 30%의 이내에 들어야 함.
* 모든 장학금 수상자는 로스쿨 최종 합격하면 반드시 합격수기를 제출해야 함.

구분	선발인원	시상내용	
법조공익재단법인 연학 장학생	사랑샘 미래상(1명)	200만 원	
	사랑샘 희망상(2명)	각 160만 원	
	사랑샘 인재상(2명)	각 100만 원	총 장학금 25,000,000원
유관기관장 상	최우수상(1명)	200만 원	
	우수상(2명)	각 160만 원	
법률저널 성적 장학생	인재상(5명)	각 100만 원	

* 유관기관장 상의 장학금은 법률저널에서 지급함

혜택8 | 온라인 및 결시자에 문제지 무료 배송
- 온라인 및 결시자에 문제지 무료 배송 서비스
- 문제지+해설집+OMR답안지 구성
* 문제 다운로드는 매 시험 시작 1시간 전 가능
* 문제지 배송은 시험 종료 후 매주 월요일 발송
* 문제지 배송 신청은 네이버 카페(https://cafe.naver.com/lecleet)

2024학년도 LEETBoost 실전 전국모의고사 일정

Real LEET의 진수를 느낄 수 있는 실전 전국모의고사!
합격 결정짓는 최고의 우위 전략…이제 선택은 필수!

회차	일정	접수	비고
본시험 접수		2023.5.23.(화)~2023.6.1.(목)	내가 원하는 시험장 선택 (접수시 법률저널 LEET 시험장 선택) * 내 시험장서 실전연습 선복
제1회 (책상컵홀더거치대) 증정	2023.5.14.(일)	2023.4.24.(월) ~2023.5.13.(토)	
제2회	2023.5.28.(일)	2023.4.24.(월) ~2023.5.27.(토)	
제3회 (장학생 선발 회차)	2023.6.11.(일)	2023.4.24.(월) ~2023.6.10.(토)	온·오프 동시 시행
제4회 (장학생 선발 회차)	2023.6.25.(일)	2023.4.24.(월) ~2023.6.24.(토)	* 지방 시험장 제3회부터 운영 - 수원, 부산, 대구, 대전, 광주
제5회 (장학생 선발 회차)	2023.7.2.(일)	2023.4.24.(월) ~2023.7.1.(토)	
본시험 수험표 교부		2023.7.4.(화) ~2023.7.23.(일)	* 단, 신설원 수원자는 제5회부터 운영
제6회 (장학생 선발 회차)	2023.7.9.(일)	2023.4.24.(월) ~2023.7.9.(일)	
제7회 (장학생 선발 회차)	2023.7.16.(일)	2023.4.24.(월) ~2023.7.15.(토)	
본시험	2023.7.23.(일)		서울 등 9개 지구서 시행

LEETBoost 실전 전국모의고사 시험장소

지구	시험장	수용인원	비고
서울(9개교)	고려대(우당교양관)	500명	
	한국의대(인문과학관)	500명	〈신설〉
	경기고	600명	
	용산고	600명	
	한양공고	600명	
	방이중	500명	
	사당중	500명	〈신설〉
	선린중	500명	
수원	삼일공업고	300명	〈신설〉
부산	동아대(부민-종합강의동)	200명	
대구	계명대(대명-비사관)	200명	
광주	광주공무원경찰학원 (전 광주월비스고시학원)	200명	
대전	충남대(공학2호관)	200명	

※ 전년도 시험 중 5개교 시행불가(중앙대, 삼성고, 선린인터넷고, 용산철도고, 수원청명고)
※ 대구와 광주를 제외한 시험장은 모두 2024학년도 본고사 시험장임.
※ 온라인 접수는 시험 시작 1시간 전, 현장은 매주 토요일 자정 마감.
※ 시험장소는 학교 상황이나 접수 상황에 따라 변경 또는 추가될 수 있음.

LEETBoost 시험시간 및 시험과목

구분	시간	문항 수	비고
수험생 입실완료	08:30까지		09:00부터 건물통제 및 입실불가
1교시 언어이해	09:00 ~ 10:10 (70분)	30문항	5지선다형
휴식	10:10 ~ 10:40 (30분)		
2교시 추리논증	10:45 ~ 12:50 (125분)	40문항	5지선다형
점심	12:50 ~ 13:50 (60분)		
3교시 논 술	14:00 ~ 15:50 (110분)	2문항	서답형, 모범답안과 해설 제공

※ 논술은 제7회(7월16일) 시험에만 시행하며, 논술의 경우 채점을 하지 않고 시험 종료 후 모범답안을 해설과 함께 제공함. 논술은 모두 사례형으로 출제되며 대학의 현직 교수가 출제함.

법률저널 베스트셀러

논리개념 매뉴얼 5.0

LEET 7개년 기출백서

강화약화 매뉴얼 4.0

2023 리트 LEET 전국모의고사 5+2

THE 400제 추리논증 · THE 200제 추리논증 · THE 300제 언어이해

합격생 검수위원이 직접 풀어쓴
PSAT 기출문제 해설집(11개년)

최근 6개년 헌·언·자·상
PSAT 기출백서